처음 만나는
알고리즘
Algorithm

처음 만나는 **알고리즘**

Algorithm

초판 1쇄 발행 2017년 4월 24일

지은이 이토 시즈카
옮긴이 정인식
펴낸이 장성두
펴낸곳 제이펍

출판신고 2009년 11월 10일 제406-2009-000087호
주소 경기도 파주시 회동길 159 3층 3-B호
전화 070-8201-9010 / **팩스** 02-6280-0405
홈페이지 www.jpub.kr / **원고투고** jeipub@gmail.com
독자문의 readers.jpub@gmail.com / **교재문의** jeipubmarketer@gmail.com

편집부 이민숙, 황혜나, 이 슬, 이주원 / **소통·기획팀** 민지환, 현지환
교정·교열 안종군 / **본문디자인** 북아이 / **표지디자인** 미디어픽스
용지 신승지류유통 / **인쇄** 한승인쇄 / **제본** 광우제책사

ISBN 979-11-85890-82-1 (93000)
값 19,000원

제이펍은 독자 여러분의 아이디어와 원고 투고를 기다리고 있습니다. 책으로 펴내고자 하는 아이디어나 원고가 있으신
분께서는 책의 간단한 개요와 차례, 구성과 제(역)자 약력 등을 메일로 보내주세요. jeipub@gmail.com

처음 만나는 **알고리즘**

Algorithm

이토 시즈카 지음 | **정인식** 옮김

차 례

CHAPTER 1 알고리즘의 기본

CHAPTER 2 변수와 배열

옮긴이 머리말

'알고리즘', 그다지 일반적인 단어는 아니기에 혹시 처음 듣는 독자들도 있을지 모르겠다. 실제로 역자의 전공이 전산학이기는 하지만, '알고리즘'이라는 단어를 처음 접한 것은 대학교 2학년 때다. 게다가 요즘처럼 클라우드와 가상화 등의 발전으로 컴퓨터 리소스를 그다지 제약 없이 사용하는 시대에는 주요 알고리즘을 몰라도 되지 않을까라고 생각하는 사람들도 많을지 모르겠다.

'인공지능의 세상이 눈앞에 다가온 현실에서 과연 알고리즘을 배울 필요가 있을까?' 역자에게도 쉽지 않은 질문이다. 하지만 이런 관점으로 한번 생각해 보자. 사람은 다른 피조물과는 달리 창조성을 가지고 있다. 알고리즘도 사람의 창조성으로 만들어진, 문제 해결책인 것이다. 특히, 이 책에서도 언급하고 있듯이 오랜 세월을 거쳐서 잘 다듬어진 생각(알고리즘)을 우리가 잘만 활용한다면 시간과 비용 면에서 효율을 높일 수 있을 것이다.

이 책은 알고리즘을 접해 보지 못한 사람들을 위해 상세한 설명과 알기 쉬운 그림을 통해 곧바로 이해할 수 있도록 만들어진 알고리즘 입문서다. 다른 책과 달리 특별한 점이 또 있는데, 이 책은 널리 세상에 알려진 유명 알고리즘을 예로 들어 하나하나 해당 알고리즘을 만들어 나가는 과정을 설명하고 있다. 혹시 여러분이 어떠한 문제를 해결해야 하는 상황에 처해 있다면 이와 같은 방식으로 해결책을 찾을 수도 있을 것이다.

부디 이 책이 여러분의 창의적인 생각을 알고리즘으로 표현할 수 있는 능력을 향상하는 데 도움이 되길 바란다.

감사의 말

또 한 권의 책을 번역하게 해주신 하나님께 감사드린다. 그리고 책의 출간에 도움을 주신 모든 분께 감사의 마음을 전한다. 특히, 이 책의 교정과 편집, 여러 지원을 아낌없이 해 주신 장성두 대표님과 안종군 실장님의 수고에 감사의 말씀을 드린다.

끝으로, 사랑하는 나의 아내와 하은, 시온과 출간의 기쁨을 공유하고 싶다. 올 한해도 우리나라의 모든 국민이 행복하고 살맛 나는 세상이 되길 바라며….

일본 동경에서
정인식

무엇보다 이 책을 선택해 줘서 고맙다.

이 책은 알고리즘 입문서다. 따라서 알고리즘만을 설명한다. '알고리즘 입문서니까, 알고리즘만 설명되어 있겠지.'라고 생각하겠지만, 결코 그렇지 않다. 프로그램은 곧 알고리즘이고, 알고리즘은 곧 데이터 구조라고 할 정도로 알고리즘과 데이터 구조는 떼려야 뗄 수 없는 관계다.

스위스의 컴퓨터 과학자인 니콜라스 워스(Niklaus Wirth)가 1975년에 집필한 소프트웨어 공학 분야의 명저인 《Algorithms + Data Structures = Programs》이라는 제목을 통해서도 알 수 있듯이, 프로그램을 제대로 공부하려면 알고리즘뿐만 아니라 데이터 구조도 확실하게 알아 두어야 한다. 하지만 이 책에서는 변수와 배열 이외의 데이터 구조는 다루지 않는다. 그 이유는 알고리즘 공부를 시작했지만 정작 데이터 구조에 막혀 도중에 포기하는 사람들이 많기 때문이다.

대부분의 알고리즘(그리고 데이터 구조) 입문서는 다음과 같은 데이터 구조부터 설명하기 시작한다.

변수, 배열, 다차원 배열, 정적 배열, 동적 배열, 선형 리스트, 단방향 리스트, 양방향 리스트 환형 리스트, 스택과 큐, FIFO, LIFO, 푸시 팝, FIFO 스택, 큐, 트리 구조의 이진 트리, 완전 이진 트리, 밸런스 트리, 순서 트리, 다분기 트리, 탐색 트리, 이진 탐색 트리

알고리즘을 공부하고 싶어 입문서를 읽기 시작했는데 목적지에 도달하기도 전에 좌절

한다는 것은 안타까운 일이다. 이 중에서 변수와 배열만 알고 있다면 프로그래밍 초보자라도 알고리즘을 이해하거나 활용하는 데 전혀 문제가 없다.

이 책에서는 알고리즘(그리고 데이터 구조) 입문서를 처음으로 읽기 시작한 사람들과 도중에 포기한 사람들 또는 입문서 자체도 읽기 어려웠던 사람들을 위해 데이터 구조에서의 변수와 배열, 그리고 알고리즘만을 꼼꼼하게 설명했다.

세상의 모든 지식이 그러하듯이 알고리즘 또한 기초를 제대로 익혀야 개념을 확실히 이해할 수 있다. 1장에서는 알고리즘의 의미와 배우는 목적을 설명한다. 2장에서는 변수와 배열의 기본을 배운다. 그리고 3장에서 기본적인 알고리즘을 몇 가지 배운 후에 4장에서 곧바로 본격적인 알고리즘 학습에 들어간다.

말은 쉽지만 프로그래머를 꿈꾸는 사람이 갑자기 많은 양의 알고리즘을 배우는 것은 그리 쉬운 일이 아니다. 이 책에서는 이러한 점에 착안하여 일반적으로 널리 알려진 알고리즘만을 다루었다.

이 책에서 다루는 알고리즘은 다음과 같다.

- 정보 처리 기사 시험의 출제 범위(교과)에서 주로 예로 들고 있는 선택 정렬, 버블 정렬, 병합 정렬, 삽입 정렬, 셸 정렬, 퀵 정렬, 힙 정렬, 선형 탐색법, 이진 탐색법, 해시 테이블 탐색법
- 프로그래머라면 최소한 알아 두어야 한다는 선형 탐색법(리니어 서치), 이진 탐색법(바이너리 서치), 해시 탐색법, 단순 교환법(버블 소트), 퀵 정렬, 에라토스테네스의 체(Sieve of Eratosthenes), 유클리드 알고리즘
- 단순 선택법(선택 정렬), 단순 삽입법(삽입 정렬)

각각의 알고리즘은 전체의 구조뿐만 아니라 하나하나의 처리를 그림과 순서도를 보면서 단계별로 확인할 수 있도록 하였다. 다루고 있는 모든 알고리즘에 대해 차근차근 설명하고 있으므로 도중에 포기하지 않고 끝까지 읽을 수 있을 것이다. 이 책이 독자 여러분이 프로그래밍을 제대로 시작하는 데 많은 도움이 되기를 진심으로 기원한다.

이토 시즈카

강경구(파인원 커뮤니케이션즈)

프로그래머라면 새해가 될 때마다 세우는 목표 중 하나가 바로 알고리즘에 대한 학습일 겁니다. 그리고 공부하다가 번번이 포기하게 되는 분야도 바로 알고리즘입니다. 이 책은 알고리즘을 쉽게 설명하고 있습니다. 내용도 많은 편이 아니라서 어느샌가 알고리즘 책을 끝까지 읽었다는 자신감을 불어넣을 줄뿐더러 기초를 다시 한 번 다질 수 있도록 도와줍니다. 또한, 관련 자격증을 취득하려는 분들에게도 좋은 자료가 될 것 같습니다.

강대원(줌인터넷)

내용 자체는 좋았지만 제게는 다소 지루했습니다. 그리고 입문서의 한계일 수 있겠지만, 매우 자세히 다룬 듯하면서도 좀 더 깊숙이 들어가지 않아서 살짝 아쉬웠습니다. 하지만 평소 잊고 지냈던, 가장 기본적이라 그다지 깊게 생각해 보지 않고 넘어간 부분들을 매우 자세히 다루어 주어서 적잖은 도움이 되었습니다. 중간마다 과제나 숙제 같은 게 있었더라면 좀 더 동기유발이 되지 않았을까 싶습니다.

노태환(로아팩토리)

정리한다는 느낌으로 책을 읽었는데 다 읽고 난 후의 느낌은 깔끔하였습니다. 그리고 쉽게 풀어쓰려고 노력한 흔적이 많은 책이었습니다. 실제 실행되는 코드가 존재하지 않아서 아쉽긴 하지만, 코딩에 능숙하지 않은 독자가 코드와 마주쳤을 때의 압박감과 코드 자체에 대한 설명이 들어갈 경우 알고리즘이 아닌 코드의 지엽적인 특징에 초점을 둘 가능성을 고려해 보았을 때 적절한 선택이라 생각됩니다. '알고리즘은 거창한 게 아니라 생각의 단계'라는 것만 알게 되는 것만으로도 이 책의 목적은 충분히 이뤄졌다고 생각합니다.

송용준(소프트웨어 엔지니어)

알고 있으면 좋은 (몇 가지는 꼭 알고 있어야 하는) 알고리즘들을 구현해 나가는 과정을 설명해주는 점이 인상 깊었습니다. 알고리즘 공부에 어려움을 겪고 있는 분들에게 권하고 싶을 만큼 단계 하나하나 친절히 설명하고 있어 정말 좋네요. :-) 저자가 마지막에 밝힌 것처럼 얼렁뚱땅 넘어간 부분도 없진 않은데, 제대로 설명하려면 책이 더 두꺼워지고 읽는 사람은 지치게 될 듯하여 적당한 수준에서 잘 마무리한 것 같습니다.

심상용(이상한모임)

이 책은 문제를 절차적인 풀이 방식으로 분해하는 방법에 대해서 친절하고 최대한 쉽게 설명해 줍니다. 그리고 책의 예제는 많이 사용하는 언어인 C와 자바로 되어 있습니다. 알고리즘을 처음 배우려는 분, 배운 지 너무 오래되어 가볍게 복습하고 싶은 분들에게 추천합니다.

알고리즘의 기본

Algorithm

1 알고리즘이란 무엇인가?

> **POINT!**
>
> - 알고리즘은 '문제나 과제를 해결하기 위한 처리 절차를 하나하나 구체적인 순서에 따라 표현한 아이디어나 생각'을 말한다.
> - 알고리즘 자체는 일상생활에서도 많이 사용되고 있다.
> - 요리의 레시피, 음악의 악보, 가전제품 등의 사용 설명서는 알고리즘의 예다.
> - 사람을 위한 알고리즘은 문자나 기호, 일러스트 등으로 나타낸다.

일상생활에서 '알고리즘'이라는 단어를 듣는 일은 거의 없다. 혹시 '알고리즘 체조'라는 말을 통해 '알고리즘'을 들은 사람이 있을지도 모르지만, 정작 '알고리즘'을 정확하게 설명할 수 있는 사람은 드물 것이다. 이제부터 알고리즘이 무엇인지 알아보자.

■ 알고리즘은 '절차'다

'알고리즘은 프로그래밍에서 사용하는 용어이기 때문에 엄청 어려울 거야.'라는 생각을 가진 사람이 많을 것이다. 알고리즘에 대해 알려면 가장 먼저 그러한 선입견부터 없애야 한다.

'알고리즘을 한마디로 표현하자면?'

알고리즘을 한마디로 표현하자면, '절차'라고 할 수 있다. 하지만 단순한 절차가 아니다. 좀 더 구체적으로 설명하면, 알고리즘은 '문제나 과제를 해결하기 위한 처리 절차를 하나하나 구체적인 순서에 따라 표현한 아이디어나 생각'이라고 할 수 있다.

'역시 예상대로네. 뭔지는 모르지만 어려울 것 같은데?'라고 생각하지 말기 바란다. 전혀 두려워할 필요가 없다. 알고리즘은 일상생활에서 자주 사용되고 있다. 몇 가지 예를 들어보자.

- 요리의 레시피
- 음악의 악보
- 가전제품 등의 사용 설명서

도대체 무엇이 알고리즘이냐고 묻고 싶은가?

요리의 레시피

먼저, 요리의 레시피를 예로 들어 보자. 과거에 만들어 본 적이 없는 요리를 만들려면 레시피가 필요하다. 요즈음은 세상이 편리해져서 인터넷 검색창에 '△△△ 레시피'라고 입력하면 만들고 싶은 요리의 레시피를 쉽게 찾을 수 있다. 레시피에는 대개 다음과 같은 내용이 포함되어 있다.

- 필요한 식재료의 종류와 분량
- 식재료의 처리 방법(어떠한 크기나 형태로 자를 것인지 등)
- 조리법(삶기, 굽기, 볶기, 찌기, 튀기기 등)
- 맛을 내는 방법

위와 같은 내용이 순서(절차)대로 상세하게 적혀 있다. 적혀 있는 순서대로 하나하나 만들어 나가면 누구든지 맛있는 요리를 만들 수 있다.

이와 같이 레시피는 '요리'라는 과제를 해결하기 위한 절차(알고리즘)를 주로 문장이나 사진을 이용하여 표현한 것이다.

악보

음악의 악보 또한 알고리즘이다. 악보에는 각각 〈엘리제를 위하여〉나 〈골드 베르크 변주곡〉이라는 곡명이 붙어 있고, 그 곡을 구성하는 음표가 오선보에 순서대로 적혀 있다. 적혀 있는 음표의 순서대로 따라 하면, 그 곡을 연주할 수 있게 된다(물론, 사람에 따라 잘하고 못하고의 차이는 있다).

● 〈엘리제를 위하여〉의 악보 출처 http://ja.cantorion.org/

악보는 '연주'라는 과제를 해결하기 위한 절차, 즉 알고리즘을 도형적인 기호나 부호로 표현한 것이라고 할 수 있다.

■ 사용 설명서

사용 설명서는 우리가 가전제품이나 컴퓨터 소프트웨어 등의 사용법을 잘 모를 때 찾아서 읽어보는 것이다. 이 설명서에는 해당 제품을 사용하는 '방법', 즉 '절차'가 적혀 있다. 다음 그림은 CASIO의 「G'z One TYPE X」라는 휴대폰의 사용 설명서로, '전화 받기'의 절차를 설명하고 있다.

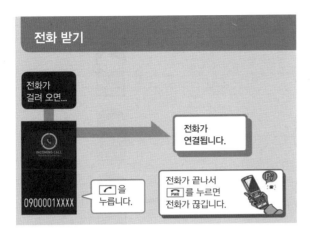

● '전화받기' 절차

옛날에는 대부분의 사용 설명서가 문장으로 이루어져 있었지만, 요즘에는 일러스트를 사용하여 훨씬 이해하기가 쉬워졌다. 이 사용 설명서는 '휴대폰 사용'이라는 과제를 해결하기 위한 절차(알고리즘)가 그림과 글로 설명되어 있다.

이처럼 알고리즘은 프로그래밍에만 사용되는 것이 아니다. 어떤 문제나 과제를 해결하기 위한 처리 절차를 빠짐없이 표현한 아이디어나 생각이 바로 알고리즘이다. 여기서는 레시피, 악보, 사용 설명서가 알고리즘이라고 설명했지만, 엄밀하게 말하면 '알고리즘이 표현된 것'이다.

알고리즘은 '아이디어' 또는 '생각'이기 때문에 형태가 없다. 따라서 어떤 것을 다른 사람에게 전달하려면 눈에 보이도록 표현해야 한다. 레시피, 악보, 사용 설명서는 알고리즘을 인간에게 전달하기 위해 인간이 이해할 수 있는 문장이나 사진, 도형적인 기호나 부호, 일러스트 등으로 표현한 것이다.

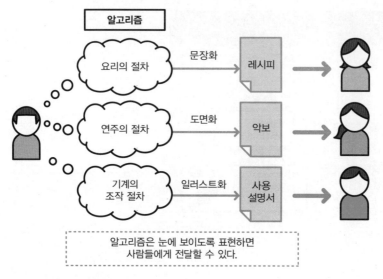

알고리즘은 눈에 보이도록 표현하면
사람들에게 전달할 수 있다.

● 알고리즘을 표현하는 방법

2 알고리즘과 프로그램의 관계

POINT!

- 알고리즘을 프로그래밍 언어로 기술하면 프로그램이 된다.
- 프로그래밍 언어는 컴퓨터에 지시하기 위한 인공 언어다.

알고리즘은 눈에 보이지 않으므로 이를 사람에게 전달하기 위해서는 문장이나 일러스트로 표현해야 한다. 그렇다면 이 알고리즘을 사람이 아니라 컴퓨터에게 전달하려면 어떻게 해야 할까? 이번에는 알고리즘을 컴퓨터에게 전달하기 위한 방법을 알아보자.

■ 알고리즘을 프로그래밍 언어로 작성한 것이 프로그램

컴퓨터는 사람 대신 여러 일을 실행해 주는 편리한 기계다. 그러나 컴퓨터는 사람의 지시가 없으면 움직이지 않는다. 따라서 작업 절차를 미리 지시해 둘 필요가 있다.

지시를 할 때에는 사람에게 전달할 때와 마찬가지로 알고리즘을 이용해야 한다. 컴퓨터가 실행하기 원하는 내용을 상세하게 분해한 후 그 구체적인 방법을 지시해 두는 것이다.

최근 들어 화제가 되고 있는 전자제품 중 전자동 청소 로봇이라는 것이 있다. 사람이 있든 없든 집의 구석구석을 청소하고 있는 모습을 보면 청소 로봇이 마치 사고 능력을 지니고 있는 것처럼 보이지만, 실제로는 사람이 미리 만들어 둔 알고리즘에 따라 움직이고 있는 것이다.

청소 로봇이 집안을 청소하는 데 필요한 알고리즘을 사람들에게 말로 전달할 때처럼 문장으로 표현하면 다음과 같을 것이다.

[흡입 모터를 ON으로 해.]

↓

[직진해.]

↓

[부딪혀서 전진할 수 없다면 뒤로 비스듬히 45도로 방향을 전환해.]

↓

[직진해.]

↓

[배터리 잔량이 5%도 안 남았다면 콘센트로 되돌아가 충전해.]

↓

[청소할 쓰레기가 아직 남아 있는가?]

↓

[있다면 처음 처리를 반복하여 실행해. 만약 없다면 모터의 전원을 OFF로 해.]

● **청소 로봇이 방을 청소하는 데 필요한 알고리즘**

위 순서도는 '방 청소'라는 일을 하나씩 분해하여 순서대로 실행하도록 절차를 지시하고 있다. 물론, 실제 알고리즘은 이보다 훨씬 복잡하지만, 여기에서는 하나의 예를 든 것이다.

그렇다면 어떤 명령을 컴퓨터에게 전달할 때도 사람에게 전달하듯이 문장을 사용해야 할까? 대답은 '아니오'다. 컴퓨터는 문장을 이해할 수 없기 때문이다. 그림, 사진, 일러스트 또한 컴퓨터가 이해할 수 없다. 이 말은 문장 등으로 쓰인 알고리즘을 컴퓨터에 전달하더라도 알고리즘의 지시대로는 작동하지 않는다는 뜻이다.

따라서 컴퓨터에 알고리즘을 전달하려면 알고리즘을 컴퓨터가 이해할 수 있는 표현 방법으로 기술하지 않으면 안 된다. 프로그래밍 언어가 바로 그 표현 방법이라고 할 수 있다. 알고리즘을 프로그래밍 언어로 기술한 것을 '프로그램'이라 하고, 프로그램을 작성하는 작업을 '프로그래밍'이라고 한다.

일반적으로 프로그램이라 하는 것은 컴퓨터가 실행해 주기 원하는 처리 절차를 알고리즘으로 표현한 후 이를 프로그래밍 언어로 기술한 것이다.

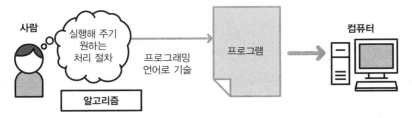

● <u>프로그래밍 언어로 기술한 알고리즘이 프로그램</u>

아무리 성능이 뛰어난 컴퓨터라 하더라도 능력을 제대로 발휘하기 위해서는 프로그램이 있어야 한다. 컴퓨터는 프로그램이 없으면 동작하지 않기 때문이다. 프로그램은 소프트웨어나 애플리케이션이라고도 한다.

여러분에게 친숙한 웹 브라우저나 메일 소프트웨어, 워드(Word), 엑셀(Excel), 일러스트레이터(illustrator) 및 포토샵(Photoshop)과 같은 소프트웨어도 프로그램이다. 윈도우(Windows)나 맥 오에스(Mac OS), 안드로이드(Android) 등과 같은 운영체제(OS)는 이러한 프로그램의 집합체다. 이 밖에 스마트폰에서 없어서는 안 될 애플리케이션도 프로그램이다.

3 프로그램 작성에 있어서의 알고리즘

POINT!

- 프로그램의 작성은 기획, 설계, 프로그래밍, 디버그로 진행한다.
- 알고리즘은 설계 단계에서 필요하다.

지금까지 알고리즘은 무엇인지에 대해 알아보았다. 이번에는 실제로 프로그램을 작성하는 과정에서 알고리즘이 어떤 역할을 하는지 알아보자.

■ 프로그램 작성의 흐름

프로그램은 크게 기획, 설계, 프로그래밍, 디버깅, 문서 작성이라는 단계를 거쳐 진행된다.

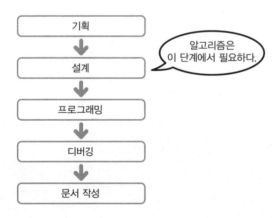

기획
↓
설계 — 알고리즘은 이 단계에서 필요하다.
↓
프로그래밍
↓
디버깅
↓
문서 작성

■ 프로그래밍의 시작은 요구

프로그램 작성의 계기가 되는 것은 바로 요구(Needs)다. 예를 들어, 프로그램 작성에 관련된 일을 수주했다면 고객으로부터 '이러이러한 문제를 해결하기 위한 프로그램을 만들어 주세요!'라는 요구에 맞춰 프로그램을 작성한다. 이때 고객이 요구한 내용과 기능, 사양을 기록한 문서를 '요구사항 정의서'라고 한다. 이것은 매우 구체적인 요구다.

한편, 프로그램을 자발적으로 작성하는 경우에는 '이런 프로그램이 있다면 많은 사람들이 사용하겠지?'라는 생각으로 다소 막연하게 수요를 예측한 후 프로그램을 작성하는데, 이 또한 '요구'라고 할 수 있다. 이 요구를 바탕으로 문제가 되는 상황을 자세히 분석한 후 필요한 기능과 사양이 포함된 기획서를 작성한다.

프로그램과 시스템

요구를 충족하기 위해 필요한 프로그램이 반드시 하나뿐이라고 말할 수는 없다. 최근에는 프로그램을 동시에 제작한다. 다시 말해서 여러 프로그램이 컴퓨터, 네트워크 등과 결합하여 특정 문제를 해결하거나 기능을 실현한다. 이러한 대규모의 구조를 '시스템'이라고 한다. 지하철역의 자동 개찰 시스템이나 은행의 현금 자동 입출금기(ATM) 시스템 등은 우리들이 자주 이용하는 '시스템' 중 하나다.

■ 프로그램 설계하기

요구사항 정의나 기획서에 요구하는 바가 어느 정도 나타나 있다면, 그러한 요구에 부응하기 위해서는 어떠한 기능이 필요하고 어떤 프로그램을 만들면 좋은지를 고려해야 하는데, 이를 '프로그램의 설계'라고 한다.

이 단계에서의 핵심이 이 책에서 배우는 '알고리즘'이다. 알고리즘은 프로그램의 설계서에 해당한다. 따라서 프로그램의 품질은 알고리즘의 좋고 나쁨에 달렸다.

문제를 분석한 후 필요한 사양이나 기능을 검토하고 이를 실현하기 위해서는 알고리즘을 고려해야 하는데, 조건을 만족하는 알고리즘이 반드시 하나뿐이라고는 말할 수 없다.

■ 프로그래밍하기

알고리즘이 정해진 후에는 프로그래밍을 해야 한다. 이를 다른 말로 '코딩'이라고 한다. 코딩은 프로그래밍 언어를 사용하여 알고리즘을 프로그램으로 만들어 나가는 것을 말한다. 개인이 프로그래밍을 할 경우는 어떤 프로그래밍 언어를 사용할 것인지 혼자 결정해도 상관없지만, 회사에서 일을 수주 받았거나 팀 단위로 작성할 때에는 사양에 맞춰 프로그래밍을 진행해야 한다.

■ 프로그램을 디버깅하기

프로그램이 완성되었다면 동작 테스트를 실시해야 한다. 실제 상황과 비슷한 환경에서 테스트를 실시하여 문제 없이 동작하는지를 확인해야 한다. 만약 기대한 만큼의 결과가 나타나지 않았거나 프로그램이 정상적으로 동작하지 않는 경우에는 어디에 문제가 있는지를 규명하여 이를 수정해야 하는데, 이렇게 오류를 찾아내어 수정하는 작업을 '디버그'라고 한다. 디버그(debug)란, 우리말로 '해충 구제'를 뜻한다. 프로그램 안의 오류를 벌레에 비유한 것이다.

설계 단계에서 알고리즘을 확실히 고려했다면 버그를 약간 수정하면 되지만 동작 불량의 원인이 알고리즘의 설계에 있다면 다시 한 번 알고리즘을 검토하여 프로그래밍 전체를 수정해야 하는 불상사가 발생할 수도 있다. 그러한 일을 방지하기 위해서라도 알고리즘 설계는 중요하다.

■ 프로그램의 문서를 작성한다

프로그램을 완성한 후에는 문서(document)를 작성해야 한다. 문서는 자료 또는 서류라고 하는데, 그 종류에는 프로그래머를 위한 문서와 사용자를 위한 문서가 있다.

이 중 프로그래머를 위한 문서는 설계 단계에서 만든 설계서를 그대로 이용하거나 좀 더 손을 본 후에 이용한다.

이러한 문서가 필요한 이유는 프로그램을 만든 사람이 향후 보수 및 관리까지도 반드시 담당한다고 말할 수 없기 때문이다. 오랫동안 사용하는 프로그램이라면 같은 회사나 같은 팀이 담당하고 있더라도 도중에 사람이 교체될 가능성이 있다. 이 경우에도 프로그램의 오류를 수정하거나 새로운 기능을 추가할 때 문제없이 작업을 진행할 수 있도록 문서를 준비해 두는 것이 좋다.

한편, 사용자를 위한 문서는 '사용 설명서'를 말한다. 그 프로그램으로 무엇을 할 수 있는지, 실행하고 싶은 기능은 어떻게 하면 사용할 수 있는지 등이 사용자의 관점에서 기술되어 있다. 모처럼 굉장한 프로그램을 만들었는데 사용자가 사용하지 않는다면, 아무런 의미가 없다. 사용자를 위한 문서는 프로그램과 마찬가지로 중요하다.

4 좋은 알고리즘이란 어떤 것인가?

POINT!

- 알기 쉽다.
- 속도가 빠르다.
- 효율적이다.
- 재이용하기 쉽다.

프로그램의 품질은 알고리즘의 좋고 나쁨에 달렸다. 그렇다면 알고리즘의 좋고 나쁨은 어떻게 판단하는 것이 좋을까? 일반적으로 생각할 수 있는 '좋은 알고리즘'의 조건은 다음과 같다.

■ 알기 쉽다

알고리즘은 가능한 한 알기 쉬워야 한다. 특히, 여러 사람이 작업할 때 다른 사람이 곧바로 이해할 수 없다면 이해를 시키거나 설명을 하는 데 많은 시간이 걸리고, 실수를 범하기도 쉽다.

설계에서 프로그래밍까지 혼자 수행하는 경우에도 알고리즘이 어렵거나 복잡하면 나중에 수정하거나 기능을 추가할 때 그것을 만든 본인조차 이해하지 못하는 불상사가 발생할 수도 있다. 또한, 복잡하고 난해한 알고리즘은 올바른 결과가 나타나는지도 검증하기 어렵기 때문에 틀린 부분을 찾기 어렵다. 때로는 상황에 따라 어쩔 수 없이 복잡해질 수밖에 없는 경우도 있지만, 가능한 한 알기 쉽게 작성하는 것이 좋다.

■ 속도가 빠르다

속도가 빠르다는 것은 실행한 후 그 결과가 나타날 때까지의 시간이 짧다는 것을 의미한다. 결괏값이 같다면, 짧은 시간에 올바른 결과를 얻을 수 있는 알고리즘이라야 좋은 알고리즘이라고 할 수 있다.

■ 효율적이다

'효율적이다'라는 것은 '프로그램을 실행할 때 사용하는 메모리의 영역이 작다'라는 것을 의미한다. 옛날만큼은 아니지만, 메모리는 컴퓨터 부품 중 고가에 해당한다. 프로그램의 효율이 나쁘면 대량의 메모리가 필요하기 때문에 그만큼 쓸데없는 비용이 들게 된다. 물론 '실행 결과가 정확하다.'라는 조건은 같지만, 이왕이면 효율적인 알고리즘이라야 좋은 알고리즘이라고 할 수 있다.

■ 재이용하기 쉽다

프로그래밍 시간을 단축하려면 코딩하는 속도 자체를 높이는 일도 하나의 방법이 될 수 있다. 하지만 이에는 한계가 있다. 과거에 작성한 프로그램을 그대로 사용하거나 부분적으로 이용하는 비율이 증가하면 새로운 프로그램을 작성하는 시간이 줄어든다. 프로그램을 작성할 때 가능한 한 재이용하기 쉽고, 범용성이 높은 알고리즘을 고려하면 프로그램을 재이용할 가능성이 높아진다.

5 왜 알고리즘을 공부해야 하는가?

POINT!

- 좋은 프로그램을 만들기 위해
- 프로그램의 좋고 나쁨을 판단하기 위해
- 프로그램 작성 과정 전체를 효율화하기 위해
- 프로그래밍 기술을 향상시키기 위해

최근 들어 여러 가지 편리한 프로그래밍 툴이 개발되어 알고리즘을 공부한 적이 없는 사람이라도 프로그램을 작성할 수 있게 되었다. 실제로 현장에서 일하고 있는 프로그래머 중에서도 알고리즘을 전혀 배운 적이 없는 사람이 많다. 이러한 상황에서 알고리즘을 공부해야 할 필요가 있을까?

■ 좋은 프로그램을 만들기 위해

좋은 프로그램은 속도가 빠르고, 효율적이며, 범용성이 높아야 한다. 좋은 프로그램을 만들기 위해서는 그 골격이 되는 좋은 알고리즘을 만들 필요가 있다. 알고리즘을 공부하는 첫 번째 목적은 좋은 알고리즘을 만드는 데 있다.

■ 프로그램의 좋고 나쁨을 판단하기 위해

최근에는 프로그램을 작성할 때 알고리즘을 처음부터 생각하는 일이 그다지 많지 않다. 간단한 프로그램은 이미 누군가 만든 프로그램의 일부분을 조합하는 것만으로도 쉽게 만들 수 있다. 이러한 이유 때문에 앞으로 알고리즘을 의식할 기회가 점차 줄어들게 될 것이고, 이로 인해 알고리즘을 공부할 필요가 없어질 것이라는 견해도 있다. 실제로 프로그램을 작성하는 데 있어 기술의 조합이 점차 중요해지고 있다. 하지만 이러한 방식으로 프로그램을 만든다고 하더라도 좋은 프로그램을 작성하기 위해 어떤 프로그램을 사용할 것인지에 대한 결정은 결국 사람의 몫이라 할 수 있다.

앞서 설명한 바와 같이(11쪽 참조) 하나의 문제나 과제를 해결하기 위한 알고리즘이 반드시 하나뿐이라고 말할 수는 없다. 처음에 발견한 프로그램이 반드시 좋은 프로그램이라고 말할 수 없는 경우도 있다. 그러나 알고리즘을 제대로 공부한 사람이라면 프로그램의 소스 코드만 보고도 좋은 알고리즘인지 판단할 수 있다. 앞으로 알고리즘을 처음부터 고려하지 않는 일이 많아진다고 하더라도 알고리즘은 어쨌든 배워 둘 필요가 있다.

■ 프로그램 작성 과정 전체를 효율화하기 위해

좋은 프로그램은 속도가 빠르고, 효율적이며, 범용성이 높을 때 원하는 목적을 이뤘다고 할 수 있다. 게다가 프로그램을 작성하는 전체 과정을 효율화할 수 있다는 장점도 있다.

프로그래밍이 어느 정도 진행된 시점에서 프로그램이 그다지 효율적이지 않다는 사실이 밝혀지거나 좀 더 실행 시간을 단축하는 방법이 존재한다는 것을 발견한다고 하더라도 대폭적으로 수정하기는 어렵다. 설사 수정하더라도 시간이 낭비된다. 설계 단계에서 알고리즘을 잘 고려하면 중간에 큰 수정을 하지 않아도 되고, 이는 결국 프로그램의 효율성으로 이어진다.

집을 지을 때 일단 집을 완성하고 나서 자기가 살고 싶은 집을 선택하는 사람은 없을 것이다. 집을 지을 때는 건축사가 작성한 설계도를 바탕으로 서로 합의한 후에 실제 건축 작업에 들어간다. 프로그램 작성도 이와 마찬가지다.

좋은 프로그램을 만들고 싶고, 프로그램을 작성하는 공정을 효율적으로 진행하고 싶은 프로그래머라면 알고리즘 공부에 많은 시간을 투자해야 한다.

■ 프로그래밍 기술을 향상시키기 위해

프로그래밍 기술을 향상시킨다는 것은 더 빠르고, 더 효율적이고, 더 범용적인 프로그램을 만드는 것을 의미한다. 프로그래밍 기술을 향상시키려면 알고리즘을 스스로 만들어 보는 것이 중요하다. 그러나 알고리즘을 배우기 시작한 지 얼마 지나지 않은 단계에서 갑자기 알고리즘을 생각해내는 게 말처럼 쉽지는 않다.

알고리즘을 제대로 이해하기 위해서는 잘 알려진 알고리즘을 활용하는 것이 좋다. 유명 알고리즘은 알고리즘의 표본이며, 그 속에 좋은 프로그램을 만들기 위한 힌트가 많이 포함되어 있기 때문이다. 이를 확실하게 자기 것으로 만들면 좀 더 빠르고 확실하게 프로그래밍 능력을 기를 수 있다. 알고리즘을 제대로 배운 사람과 그렇지 않은 사람 간에는 프로그램 작성 능력에 있어서 현격한 차이가 있다는 연구 결과도 있다.

널리 알려진 유명 알고리즘에는 선인들의 시행착오와 프로그램 작성 요령이 담겨 있다. 이를 응용하면 좋은 프로그램을 만들 수 있으므로 자주 따라 해 보는 것이 좋다. 이 책에서는 4장부터 선인들의 뛰어난 알고리즘, 이른바 유명한 알고리즘을 순서대로 소개하고 있다.

6 절차가 알고리즘이기 위한 조건

POINT!

- 정확한 결과를 얻을 수 있어야 한다.
- 반드시 종료되어야 한다.

알고리즘은 일종의 '절차'라고 할 수 있는데, 절차라고 해서 무엇이든 알고리즘이라고 할 수 있는 것은 아니다. 알고리즘이 갖추어야 하는 조건은 첫째, '정확한 결과를 얻는 것'이고, 둘째 '반드시 종료되는 것'이다.

■ 정확한 결과를 얻을 수 있어야 한다

알고리즘은 '문제나 과제를 해결하기 위한 절차'라고 할 수 있다. 문제를 해결한다는 것은 올바른 답을 출력하거나 원하는 결과를 얻을 수 있다는 것을 의미한다. 얻어진 결과가 틀리다면 알고리즘이라고 할 수 없다. 절차가 알고리즘이 되기 위한 조건은 정확한 결과를 얻을 수 있어야 한다는 것이다.

이를 위해서는 알고리즘의 처리나 절차가 명확해야 한다. 만약 그렇지 않다면 실행 방식이나 컴퓨터에 따라 얻어지는 결과가 달라질 가능성이 있기 때문이다.

■ 반드시 종료되어야 한다

알고리즘은 반드시 종료되어야 한다. 알고리즘 중간의 처리나 절차가 잘못 만들어지면 처리를 시작한 알고리즘이 영원히 끝나지 않을 수도 있는데, 이를 '무한 루프'라고 한다. 당연한 일이라고 생각할지 모르지만, 알고리즘은 반드시 종료되도록 작성해야 한다.

7 알고리즘의 세 가지 기본형

> **POINT!**
>
> 알고리즘에는 세 가지 기본형이 있다.
> * 순차 구조: 처음부터 순서대로 처리하는 절차
> * 선택 구조: 조건식으로 판단해 실행할 처리를 전환하는 절차
> * 반복 구조: 조건을 만족하는 동안 같은 처리를 반복하는 절차

알고리즘의 절차에는 순차 구조, 선택 구조, 반복 구조가 있다. 각 형태를 그림으로 나타내면 다음과 같다.

알고리즘에 사용되는 절차는 기본적으로 이 세 가지다. 아무리 복잡해 보이는 알고리즘이라도 이 세 가지 절차의 조합으로 만들어져 있다. 이를 달리 표현하면, '이 세 가지 절차만 기억해 두면 대부분의 알고리즘을 작성할 수 있다.'라는 말도 된다.

갑작스럽게 프로그램을 예로 들어 설명하면 따라오기 힘들 것이라 생각한다. 그러므로 여기에서는 '심부름'을 예로 들어 설명한다. 이번 기회에 확실히 기억해 두자.

① 순차 구조: 처음부터 순서대로 처리하는 절차

여러분이 잘 알고 있는 만화 〈도라에몽〉에는 노진구의 엄마가 도라에몽에게 심부름을 시키는 장면이 나온다. 하지만 도라에몽은 내부 구조가 컴퓨터이므로 '심부름 좀 다녀

와라!'라는 말을 이해하지 못한다. 심부름을 제대로 실행하게 하려면 '심부름'이라는 일을 알고리즘으로 기술할 수 있어야 한다. 알고리즘으로 기술하려면 우선 심부름을 좀 더 상세한 처리로 분해할 수 있어야 한다.

자, 그럼 심부름에 대해 구체적으로 이야기해 보자. 먼저, 왜 엄마가 심부름을 시키게 되었는지 알아볼 필요가 있다. 엄마가 저녁 메뉴를 불고기로 정했는데, 당면을 사오는 것을 깜박했다. 엄마의 심부름을 구체적인 처리로 분해하면 다음과 같다.

① 슈퍼마켓에 간다.

② 당면을 산다.

③ 집으로 되돌아온다.

엄마는 이 세 가지 처리를 1, 2, 3의 순으로 실행해 주길 원하므로 다음과 같은 절차대로 지시하면 된다.

실행해 주길 원하는 처리를 위에서부터 순서대로 작성한다.

이것으로 OK다.

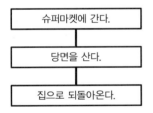

실행하기 원하는 처리를 위에서부터 순서대로 작성하는 것이 첫 번째 절차의 형태이며, 이를 순차 **구조**라고 한다. 이는 알고리즘 중에서도 가장 많이 사용된다. 이 알고리즘 자체는 굳이 외우려고 하지 않아도 절대 안 잊어버릴 정도로 자연스러운 형태이기 때문에 더 이상의 설명은 하지 않는다. 어찌 되었든 실행해 주길 원하는 순서대로 처리를 나열하면 된다.

■ ② 선택 구조: 조건식으로 판단해 실행할 처리를 전환하는 절차

도라에몽이 무사히 슈퍼마켓에 도착했다. 그런데 만약 당면이 모두 팔렸다면 '당면을 산다.'라는 처리를 실행할 수 없게 되므로 심부름이 여기서 중단된다. 도라에몽이 위기에 처했다. 이렇게 예상하지 못한 사태를 가정해 미리 회피할 수 있도록 하는 것이 두 번째 알고리즘인 선택 구조다.

여기서 선택 구조란, 조건 판단의 처리를 하나로 국한함으로써 상황에 따라 실행하는 내용을 바꾸는 절차를 말한다. 이번 경우를 예로 들어 설명하면, 슈퍼마켓에 도착한 도라에몽에게 '당면이 있는가?'라는 조건 판단의 처리를 먼저 실행한다. 판단 결과는 'Yes'나 'No'다.

만약 Yes라면 예정대로 당면을 사서 되돌아오면 되지만, No, 즉 당면이 모두 팔렸을 경우에는 뭔가 다른 대체품, 예를 들어 가래떡을 사서 되돌아오는 처리를 추가해 두면 된다. 이 경우의 알고리즘을 그림으로 나타내면 다음과 같다.

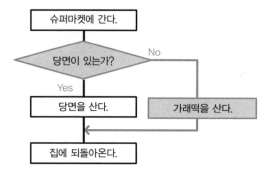

여기에서 중요한 것은 '가래떡을 산다.'라는 일을 마친 후의 처리를 확실히 지시해 두는 것이다. '가래떡을 산다.'라는 처리 쪽에서 '집에 되돌아온다.'라는 처리 쪽으로 화살표를 그린다. 만약 이 화살표가 없다면 가래떡을 산 도라에몽이 슈퍼마켓의 출구에서 어찌할 바를 모르고 서 있게 될 것이다.

선택 구조는 조건에 따라 그 이후의 처리가 나누어진다(=분기한다)는 이유 때문에 '분기 구조(조건 분기)'라고도 한다. 이 밖에 선택 구조에 있어서 조건 판단을 실시하는 문장을 '조건식'이라고 한다.

선택 구조를 사용하면 알고리즘이 급격히 변화한다. 선택 구조를 사용하지 않는 알고리즘은 존재하지 않을 정도로 매우 빈번하게 사용된다. 선택 구조를 올바르게 사용하는지, 제대로 활용하는지의 여부가 알고리즘을 사용하는 데 있어서의 중요한 포인트다.

■ ③ 반복 구조: 조건을 만족하는 동안 같은 처리를 반복하는 절차

심부름에는 보상이 있기 마련이다. 도라에몽에게 심부름을 시킬 때 '심부름이 끝나면 거스름돈으로 붕어빵을 사먹어도 좋다.'라는 보상이 주어졌다고 가정해 보자. 자, 그럼 여기에 '거스름돈으로 붕어빵을 산다.'라는 알고리즘을 추가해 보자.

엄마에게 받은 돈은 5000원이다. 당면은 2000원, 가래떡은 3000원, 그리고 붕어빵은 1개 1200원이라고 하자. 당면이나 가래떡을 구입한 단계에서 거스름돈이 있는지의 여부를 확인한 후, 거스름돈이 1200원보다 많다면 붕어빵을 하나 산다. 만약, 당면이나 가래떡의 가격이 올라 거스름돈이 1200원보다 적다면 붕어빵을 사지 않고 집에 되돌아오는 것으로 한다.

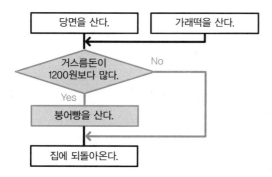

붕어빵을 하나 사면 다시 거스름돈이 발생할 가능성이 있다. 이 거스름돈이 1200원보다 많다면 붕어빵을 하나 더 살 수 있다. 이때 한 번 더 붕어빵을 사도록 해 보자.

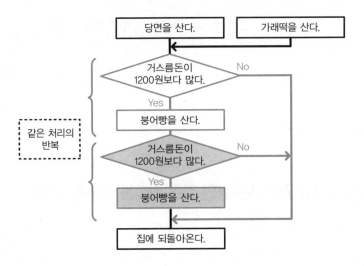

위 그림에서는 같은 처리가 두 번이나 반복되고 있다. 같은 처리를 반복할 경우에는 순서를 생략하여 다음과 같이 작성할 수 있다. 이렇게 하면 거스름돈으로 살 수 있는 한 몇 개라도 붕어빵을 살 수 있다.

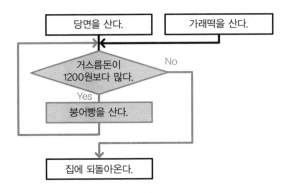

이러한 처리를 **반복 구조**라고 한다. 속도가 빠르고 효율적인 알고리즘을 만들기 위해서는 이 반복 구조를 얼마나 잘 활용하는지가 중요하다. 컴퓨터는 반복 처리에 매우 능숙하다. 사람에게 반복 처리를 시키면 실수를 하거나 불만을 토로하지만, 컴퓨터는 그렇지 않다. 그리고 무한정 같은 처리를 반복한다. 반복 구조를 사용하는 알고리즘을 처음부터 올바르게 기술할 수만 있다면, 컴퓨터는 분명, 올바르고 빠르게 실행해 줄 것이다. 이러한 의미에서 반복 구조는 효율적인 알고리즘의 핵심 포인트라고 할 수 있다.

앞에서 설명한 순차 구조, 선택 구조, 반복 구조를 사용하여 심부름 알고리즘을 작성하면 도라에몽은 심부름을 무사히 완료할 수 있고, 그와 동시에 거스름돈으로 붕어빵을 살 수 있게 된다.

8 알고리즘 기술 방법 1 – 순서도

POINT!

• 순서도는 프로그래밍 언어를 사용하지 않고 알고리즘을 기술하는 방법이다.
• 순서도는 다른 말로 '플로 차트'라고도 한다.
• 순서도는 도형 기호를 사용하여 알고리즘을 기술한다.

프로그래밍 언어를 사용하지 않고 알고리즘을 기술하는 방법에는 '순서도'라는 것이 있다. 순서도는 알고리즘을 설계하는 수단 중 하나다.

순서도는 처리와 절차를 시각적으로 표현한 것으로, 자신이 직접 알고리즘을 작성하고자 할 때 자신이 생각하고 있는 알고리즘이 올바른지, 처리나 절차에 문제가 없는지를 눈으로 확인할 수 있고, 다른 사람에게도 쉽게 전달할 수 있다는 특징이 있다.

■ 알고리즘을 순서도로 나타내기

순서도는 이름 그대로 알고리즘의 처리 흐름인 절차를 몇 가지 도형 기호를 사용하여 나타낸 그림으로, '플로 차트'라고도 한다. 영어로 플로(flow)는 '흐름', 차트(chart)는 '그림'을 뜻한다. 사실, 순서도는 우리 모두 본 적이 있다. 앞 절에서 도라에몽의 심부름 알고리즘을 작성할 때 사용한 그림이 바로 순서도다.

자세한 설명을 하지 않은 채 사용했지만, 큰 어려움 없이 이해하지 않았는가? 이와 같이 직감적으로 알기 쉽다는 것이 순서도의 장점이다.

순서도에서 사용하는 도형 기호 형태는 각기 다른 의미가 있으며, 처리 내용에 따라 형태가 달라진다.

● 순서도에서 사용하는 주요 도형 기호

도형 기호	기호명	역할
	터미널	알고리즘의 시작과 종료를 나타내는 기호. 시작 터미널 기호는 안에 '시작', 종료 터미널 기호는 안에 '종료' 등을 기재한다.
	처리 기호	처리를 나타내는 기호로, 가장 많이 사용한다. 기호 안에 구체적인 처리 내용을 기재한다.
	판단 기호	조건식에 의한 선택을 나타내는 기호. 기호 안에 조건을 판단하는 내용을 기재한다.
	루프 기호(시작)	반복 구조의 시작을 나타내는 기호
	루프 기호(종료)	반복 구조의 종료를 나타내는 기호
	흐름선	기호들을 서로 연결하여 처리의 흐름을 나타낸다. 기본은 위에서부터 아래로의 수직 방향이며, 처리가 수평 방향이나 아래에서 위로 향할 때는 흐름의 방향을 확실히 하기 위해 화살표를 사용한다.

이 밖에도 여러 기호가 있지만, 이 여섯 가지를 잘 기억해 두면 알고리즘을 대부분 표현할 수 있다. 앞 절에서 간단히 작성한 심부름 알고리즘을 정식 순서도 도형 기호를 이용해 작성해 보자. 여기에는 앞에서 설명한 순서도에 시작과 종료를 나타내는 터미널 기호가 추가된다.

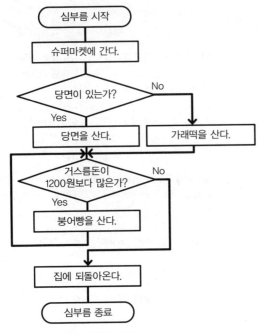

● 심부름의 알고리즘(순서도)

반복 구조는 판단 기호를 사용하여 작성해도 되고, 루프 기호를 사용하여 작성해도 된다. 어느 쪽이든 선호하는 방식을 사용하면 된다. 예를 들어, 붕어빵을 사는 반복 구조 부분을 루프 기호를 사용하여 다음과 같이 표현할 수도 있다.

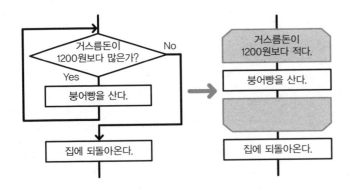

다음은 순서도를 작성할 때 유의해야 할 점이다.

● 처리 기호나 판단 기호 옆에 흐름선을 사용하면 안 된다

처리 기호나 판단 기호가 많아지면 흐름선이 복잡하게 꼬인다. 흐름선을 별도의 처리 기호나 판단 기호에 입력할 때는 옆에서 입력하면 안 되며, 반드시 위에서 입력해야 한다.

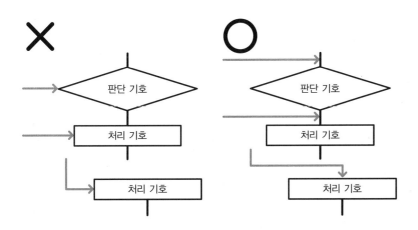

● 판단 기호로부터 나오는 흐름선에는 Yes와 No를 확실하게 써야 한다

판단 기호를 쓸 때는 'Yes'와 'No'를 잊지 말아야 한다. '예' 또는 '아니오', 'True' 또는 'False'도 상관없다. 만약 이를 빼먹으면 알고리즘이 성립하지 않는다.

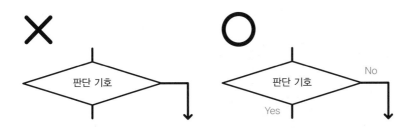

● 입력선이나 출력선이 없는 처리 기호를 만들지 않는다

순서도를 작성하는 데 익숙해지기 전에는 '입력 없는 처리 기호'나 '출력 없는 처리 기호'를 사용할 수도 있다. 알고리즘은 터미널 기호로 시작하고 터미널 기호로 끝난다. 입력 없는 처리 기호는 수행할 수 없고, 출력 없는 처리 기호는 그곳에서 알고리즘이 끝나 버린다. 처리를 제대로 실행하려면 처리 기호의 입력선과 출력선을 잊지 말아야 한다.

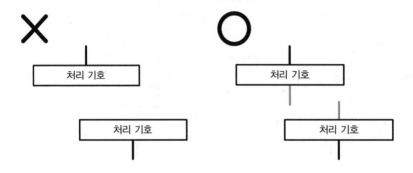

● 처리 기호의 입력선이나 출력선은 1개뿐

처리 기호로의 입력, 처리 기호로부터의 출력을 나타내는 흐름선은 오직 1개뿐이다. 다른 방향으로부터 흐름선은 처리 기호 앞에서 합류시킨다. 처리 기호로부터의 흐름선이 2개 이상인 경우는 없다. 이 경우에는 처리 기호가 아니라 판단 기호를 사용해야 한다.

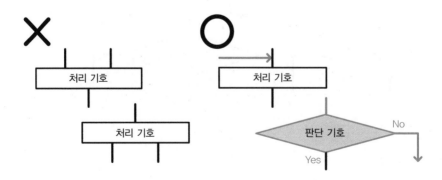

9 알고리즘 기술 방법 2 – 프로그래밍 언어

POINT!

- 프로그래밍 언어에는 여러 종류가 있다.
- 프로그래밍 학습에서 일반적으로 사용되는 언어는 C와 Java다.
- 웹 프로그래밍의 경우 주로 PHP와 JavaScript가 사용된다.

프로그램은 알고리즘을 프로그래밍 언어로 작성한 것이고, 프로그래밍 언어에는 여러 종류가 있다.

■ 프로그래밍 언어에는 여러 종류가 있다

프로그래밍 언어는 컴퓨터에 알고리즘을 전달할 목적으로 만들어진 프로그램 전용 인공 언어다. 인류가 한국어, 영어, 중국어, 프랑스어 등의 다양한 언어를 사용하고 있는 것과 마찬가지로 프로그래밍 언어에도 여러 종류가 있다. 여기에서는 사용 빈도가 많은 언어를 예로 들어 보았다.

- **C**(씨)

- **Visual Basic**(비주얼 베이직)

- **C++**(씨플러스플러스)

- **COBOL**(코볼)

- **Java**(자바)

- **PHP**(피에이치피)

- **JavaScript**(자바스크립트)

- **Python**(파이썬)

프로그램이 난생 처음인 사람이라도 이 중 하나 정도는 들어본 적이 있을 것이다. 이것들 모두 컴퓨터에 알고리즘을 전달하기 위한 프로그래밍 언어다. 예를 들면, C로 작성한 프로그램은 다음과 같은 식이다. 물론, 현 단계에서는 무슨 말인지 모르는 게 당연하다. 여기에서는 일단 살펴보기만 하자.

● **C언어의 예**

```c
#include<stdio.h>

int main(void)
{
  printf("Hello, World!\n");
  return 0;
}
```

이 중에서 include는 '포함한다.'라는 의미를 가진 영어 단어다. 이 밖에도 main, print, return 등도 영어 단어와 같다. C를 비롯한 대부분의 프로그래밍 언어는 영어를 바탕으로 만들어졌기 때문에 기본적인 단어에 영어를 활용한다. 영어를 알고 있으면 프로그래밍 언어를 배울 때도 쉽게 접근할 수 있다.

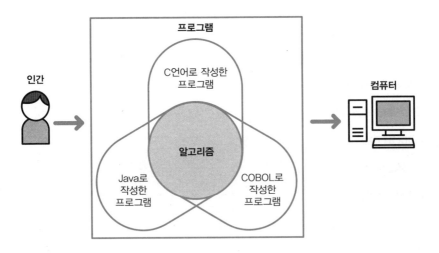

같은 알고리즘을 C로 작성하면 C 프로그램이 되고, Java로 작성하면 Java 프로그램이 되며, COBOL로 작성하면 COBOL 프로그램이 된다. 하지만 어떠한 프로그래밍 언어로 작성해도 알고리즘 자체는 변함이 없다.

■ 프로그래밍 학습의 기본은 C와 Java

앞에서 말한 바와 같이 프로그래밍 언어에는 여러 종류가 있다. 프로그래밍 언어가 많으면 어떤 언어부터 공부하는 것이 좋을지 고민된다. 각각의 언어마다 전문 분야가 준비되어 있는데, 자기 혼자 프로그램을 만들거나 공부하고자 한다면 어느 언어를 사용하더라도 상관없다.

굳이 이야기하면, 현재 C와 Java는 기본적인 언어이자 프로그램이나 시스템을 만드는 회사에서 연수를 할 때 가장 먼저 배우는 언어다. 웹 프로그래밍을 다루는 경우가 많다면 PHP나 JavaScript를 가장 먼저 배운다.

혼자인 경우는 상관없지만, 회사 일이나 개발 프로젝트 등 많은 사람이 하나의 시스템을 만드는 경우에는 이야기가 달라진다. 개인마다 별도의 언어를 사용할 수는 없다. 각각 정해진 언어를 전체 개발자가 사용하여 프로그램을 만든다.

10 알고리즘 기술 방법 3 – 의사 언어

POINT!

- 알고리즘의 기술 방법에는 의사 언어(Psudo Code)라는 것도 있다.
- 의사 언어는 프로그래밍으로 사용할 수 없다.
- 의사 언어의 장점은 프로그래밍 언어에 의존하지 않고 알고리즘을 기술할 수 있다는 것이다.

이 책에서는 알고리즘을 기술하기 전에 설명한 순서도와 함께 의사 언어라는 것을 사용한다. 의사 언어에서 '의사'는 '~와 같은 것'이라는 의미이므로 이를 해석하면 '프로그래밍 언어와 같은 언어'가 된다. 의사 언어는 순서도와 같은 기호를 사용하고, 주로 도형 기호가 아니라 직선과 문자를 사용한다.

■ 의사 언어는 프로그래밍에는 사용할 수 없다

의사 언어는 프로그래밍 언어로 분류되고, 겉보기에도 프로그래밍 언어처럼 보인다. 하지만 둘 사이에는 큰 차이가 있다. 의사 언어로 작성한 프로그램은 컴퓨터에서 실행할 수 없다. 따라서 본격적인 프로그램에는 사용할 수 없지만, 알고리즘을 기술하는 데는 아무런 문제 없이 사용할 수 있다. 어떤 프로그래밍 언어에도 의존하지 않고 알고리즘을 표현할 수 있다는 점에서 알고리즘의 공부할 때나 실제 프로그램을 기술하기 전인 알고리즘 고려 단계에 있을 때의 상황에 적합하다. 어떤 언어를 사용할 것인지 정해지지 않은 경우에도 의사 언어로 기술해 둘 수 있다.

또한, 의사 언어는 국가 공인 자격 시험인 정보 처리 기사 시험에도 출제된다. 이 책의 독자 중에는 정보 처리 관련 시험에 응시하려는 사람도 있을 거라 생각한다. 이 경우 의사 언어가 많은 도움이 될 것이다.

의사 언어 기술 방법

의사 언어에서는 다른 프로그래밍 언어와 마찬가지로 공통된 요소를 사용한다. 이미
배운 순서도를 바탕으로 의사 언어의 기술 방법을 설명한다.

● 순차 구조의 작성법

의사 언어는 시작과 종료를 특별히 기술하지 않는다. 처리는 맨 앞에 '•'을 붙여 하나
씩 기술하며, 처리마다 줄을 바꾼다. 순차 구조의 경우에는 처리를 위에서부터 아래로
간략하게 순서대로 써 나가면 된다.

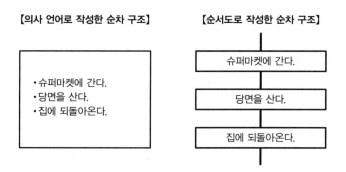

【의사 언어로 작성한 순차 구조】

- 슈퍼마켓에 간다.
- 당면을 산다.
- 집에 되돌아온다.

【순서도로 작성한 순차 구조】

슈퍼마켓에 간다.

당면을 산다.

집에 되돌아온다.

● 선택 구조의 작성법

선택 구조는 순차 구조와 마찬가지로 조건식, Yes인 경우의 처리, No인 경우의 처리를
위에서부터 순서대로 작성한다. 하지만 그러한 처리들의 왼쪽에 화살표로 수직선을 긋
고, Yes인 경우의 처리와 No인 경우의 처리 사이를 수평선으로 구분한다. 그리고 조건
식 앞에 '•'이 붙지 않는다.

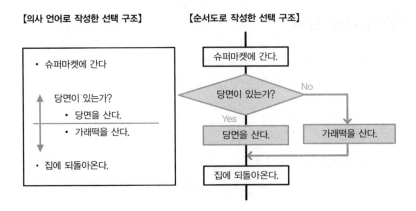

【의사 언어로 작성한 선택 구조】 【순서도로 작성한 선택 구조】

● 반복 구조의 작성법

반복 구조는 다른 2개의 구조와 같은 조건식, 반복 처리를 위에서부터 순서대로 작성하지만, 그것들을 처리할 때 왼편에 수직선을 긋고, 그 상단과 하단에 '■'을 붙이며, '■'의 옆에 조건식을 기재한다. 조건식이 Yes인 동안에는 내부 처리를 계속 반복한다. No가 되면 반복 처리를 종료하고 반복 구조의 바깥으로 나와 다음 처리로 이동한다.

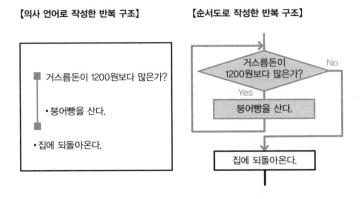

【의사 언어로 작성한 반복 구조】 【순서도로 작성한 반복 구조】

이상으로 제1장에서는 알고리즘의 기본을 공부했다. 알고리즘은 '문제를 해결하기 위한 절차'를 말하며, 이를 사용하여 컴퓨터에 지시할 때에는 프로그래밍 언어로 기술한 프로그램을 이용한다. 제2장에서는 프로그램의 또 다른 주역인 데이터에 대해 공부할 것이다.

변수와 배열

Algorithm

1 변수를 배워 보자

POINT!

- 데이터는 메모리에 보존된다.
- 데이터를 메모리에서 넣거나 뺄 때는 변수를 사용한다.
- 변수를 사용할 때는 가장 먼저 선언을 해야 한다.
- 변수에 데이터를 넣는 것을 '대입'이라고 한다.
- 변수의 데이터를 읽어 들이는 것을 '참조'라고 한다.

앞에서 알고리즘은 컴퓨터에 지시하는 처리 절차라고 했다. 그 처리의 대상이 되는 것이 바로 '데이터'다. 그리고 데이터의 처리를 실시하는 가장 기본적인 구조가 '변수'다. 여기에서는 데이터와 변수를 공부해 보자.

■ 데이터는 메모리에 저장된다

알고리즘에 의해 컴퓨터에 지시되는 처리 내용은 크게 데이터 입력, 데이터 가공, 데이터 출력으로 구분한다.

컴퓨터는 일련의 처리를 실시하는 동안, 입력된 데이터를 '메모리'라는 장치에 저장한다. 컴퓨터는 알고리즘에서의 처리 명령에 따라 메모리에서 데이터를 꺼내, 가공한 후 메모리에 저장하는 작업을 반복한다. 우선 메모리의 구조를 간단하게 살펴보자.

컴퓨터를 직접 구입한 적이 있는 사람이라면 메모리라는 명칭을 들어 봤을 것이다. 메모리를 사람에 비유하면 뇌의 단기 기억을 담당하는 부분에 해당하는 매우 중요한 장치 중 하나다. 메모리의 용량이 크다는 것을 사람으로 비유하면 암기 능력이 우수하다는 것을 의미한다.

최근에는 메모리의 용량이 2GB(기가바이트)나 4GB가 주종을 이루고 있고, 8GB나 되는 컴퓨터도 종종 접할 수 있다. 이는 대략 사전 2000권에서 8000권을 한꺼번에 암기할 수 있는 엄청난 용량이다.

메모리는 많은 서랍을 지닌 서랍장과 같은 구조로 되어 있다. 이 서랍에 데이터를 넣어 저장하는 것이다. 어느 서랍에 어떤 데이터를 저장했는지 정확히 알 수 있도록 각각의 서랍에는 순서대로 번호가 붙어 있는데, 이를 '주소(address)'라고 한다.

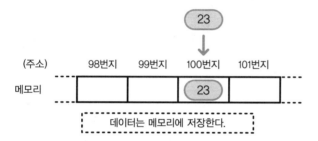

데이터를 처리할 때는 이 메모리의 서랍에서 데이터를 하나하나 꺼낸다. 서랍에서 꺼내 처리한 후 처리가 끝나면 다시 메모리에 데이터를 저장한다. 예를 들어, 입력된 데이터를 2배로 만들고, 그 다음에 100을 더하는 알고리즘이 있다고 가정해 보자. 이를 순서도로 작성하면 다음과 같다.

각 처리에서 주소 100번지를 지정하여 데이터를 읽어 들이거나 저장한다.

■ 데이터를 저장할 때는 변수를 사용한다

이 방법을 실제로 사용하려면 조금 불편하다. 왜냐하면 프로그램을 작성하는 사람이 미리 메모리 안의 빈 주소를 손수 찾아야 하기 때문이다. 2GB의 메모리라면 약 20억 개라는 엄청난 수의 주소가 존재한다. 그중에서 어느 주소가 비어 있는지를 사람이 일일이 조사하는 것은 불가능하다. 그렇기 때문에 이러한 데이터를 읽고 쓰는 것과 관련된 작업을 대폭 간소화하는 편리한 기능이 준비되어 있는데, 이것이 바로 '변수'다.

변수는 메모리 서랍에 붙여진 '레이블'과 같다. 레이블에는 어느 정도 자유롭게 이름을 붙일 수 있다. 그리고 프로그램을 작성하는 사람이 레이블만 제대로 준비하여 추후에 해당 레이블을 지정하기만 하면, 컴퓨터 쪽에서 알아서 비어 있는 서랍을 찾아 데이터를 넣거나 빼 준다.

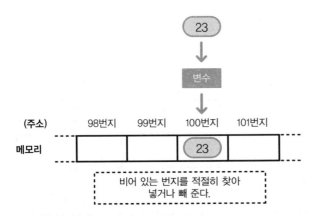

■ 변수를 사용할 때는 가장 먼저 선언을 해야 한다

프로그램상에서 처리하고 싶은 데이터는 변수를 통해 다룬다. 변수를 사용할 때는 가장 먼저 변수에 이름을 부여한 후 저장할 데이터의 종류인 데이터형을 정해 줘야 하는 데, 이를 '변수의 선언'이라고 한다.

> ● **변수의 선언**
> ① 이름(변수명)을 붙인다.
> ② 데이터형을 결정한다.

변수는 반드시 알고리즘의 가장 첫 부분에서 선언한다. 왜냐하면 데이터를 입력할 때에는 미리 메모리 안에 데이터를 저장하기 위한 영역을 확보해야 하기 때문이다.

이번에는 변수의 명명법과 데이터형을 차례대로 설명한다.

▨ 변수의 명명법

변수명은 원칙상 프로그래머가 마음대로 정해도 괜찮다. 다만 몇 가지 정해진 규칙이 있다.

● 1개의 프로그램 안에서 같은 변수명을 사용해서는 안 된다

프로그램 안에서는 어느 데이터를 처리할 것인지 변수명으로 지정한다. 같은 변수명이 2개 이상 있다면 컴퓨터는 어느 데이터를 처리하면 좋을지 혼란에 빠진다. 그렇기 때문에 같은 프로그램 안에서는 변수명이 유일(Unique)한 것이어야 한다.

● 숫자만의 변수명, 숫자로 시작하는 변수명은 사용하지 않는다

숫자로만 이루어진 변수명은 부여할 수 없다. 프로그램상에서 숫자 데이터와 혼동하기 쉽기 때문이다.

● 프로그래밍에서 사용하는 프로그래밍 언어의 규칙을 따른다

이 밖에 사용하는 프로그래밍 언어마다 변수 명명법의 규칙이 정해져 있다. 예를 들어, PHP는 다음과 같다.

> • 변수명의 첫 문자는 $로 한다.
> • 변수명으로 사용하는 문자는 영숫자와 언더스코어(_)뿐이다.
> • $의 다음 문자는 영문자나 언더스코어(_)로 한다.

● 예약어는 사용할 수 없다

위와 같은 명명 규칙을 지켰더라도 사용할 수 없는 명칭은 프로그래밍 언어마다 정해져 있다. 예를 들어, C언어에는 if, switch, for, while 등이 있다. 이러한 단어는 미리 프로그래밍 언어 자신이 예약하여 사용하고 있는 단어로, '예약어'라고 한다. 예약어는 프로그래밍 언어마다 다르므로 프로그래밍을 하기 전에 미리 확인해 둘 필요가 있다.

■ 데이터형이란?

데이터형이란, 데이터의 종류를 말한다. 선언할 변수의 데이터형에 따라 각각 메모리상에 위치할 영역의 크기가 다르기 때문이다. 그러므로 변수를 선언할 때에는 반드시 변수명과 함께 데이터형을 지정해야 한다.

일상생활에서 '데이터'라는 말을 사용할 때는 '통계 데이터'나 '데이터를 가지고 토론한다.'와 같이 주로 숫자를 가르키는 경우가 많지만, 컴퓨터에서 취급하는 데이터는 숫자뿐만이 아니다.

물론 숫자도 취급한다. 숫자를 취급하는 데이터형에는 '정수형'과 '실수형'이 있다. 그 밖에 문자를 취급하는 데이터형으로는 '문자형'이 있다.

● 실수형

실수형은 소수점 이하의 값을 갖는, 숫자값을 나타내는 데이터형이다. 이를 '부동 소수점형'이라고도 한다. 1.41321356이나 3.14, 1.2 등은 실수형이다. 또한, 1.0이나 15.0과 같은 숫자값은 데이터의 종류로는 정수이지만, 소수점 이하의 표기가 있으므로 실수로 취급된다.

● 문자형

문자형은 문자 하나를 나타내는 데이터형이다. 알파벳이나 한글, 한자는 모두 문자형에 속한다. 2바이트 문자, 1바이트 문자에 상관없이 1문자라면 무엇이라도 같은 문자로 취급한다. 단, C의 문자형은 원칙상 1바이트의 영어 숫자다. 일반적으로 1글자라고 함은 1바이트 문자를 가리킨다. 그렇기 때문에 2바이트 문자 하나를 2문자로 세는 경우도 있으므로 주의해야 한다.

데이터형은 이 밖에도 다양한 종류가 있다. 어떤 데이터형이 있는지는 프로그래밍 언어에 따라 다르지만, 참고로 C와 Java의 주요 데이터형과 사이즈를 예로 들어 둔다.

● C언어 변수: 데이터형과 사이즈

형 지정	데이터형	사이즈
char	문자형	1바이트
int	정수형(-2147483648~2147483647)	4바이트
float	단정도 부동 소수점형	4바이트
double	배정도 부동 소수점형	8바이트

● **Java의 변수: 데이터형과 사이즈**

형 지정	데이터형	사이즈
char	Unicode 문자형	2바이트
byte	부호 정수형(-128~127)	1바이트
short	부호 정수형(-32768~32767)	2바이트
int	부호 정수형(-2147483648~2147483647)	4바이트
long	부호 정수형(-9223372036854775808~9223372036854775807)	8바이트
float	단정도 부동 소수점형	4바이트
double	배정도 부동 소수점형	8바이트

물론 이 모든 것을 외울 필요는 없다. 데이터형에는 여러 종류가 있다는 점과 각각의 데이터형이 필요로 하는 메모리 영역의 크기가 다르다는 점만 이해하면 된다.

앞에서 소개한 정수형, 실수형, 문자형 등은 기본적인 데이터형이므로 대부분의 프로그래밍 언어에 존재한다. 이 책에서는 이를 사용하여 알고리즘을 설명한다.

■ 변수의 선언 방법

대부분의 경우, 변수 선언과 동시에 데이터를 변수에 입력한다. 하지만 입력할 데이터가 명확하지 않은 경우에는 사용할 데이터형과 이름을 정한 후 변수만 선언해 둔다. 이번에는 변수의 선언 방법을 구체적으로 살펴보자.

● **순서도에서는 변수의 선언이 필요 없다**

순서도의 목적은 처리나 절차의 흐름을 살펴보는 것에 있으므로 변수의 선언을 기술할 필요가 없다. 사용하고 싶은 처리 안에서 그대로 변수명을 기술해 사용하면 된다. 변수를 선언할 때는 같은 변수명을 사용하지 않거나 숫자로만 이루어진 변수명을 사용하지 않아야 하는 등의 기본적인 명명 규칙을 따른다.

● 의사 언어로 변수 선언하기

의사 언어에서도 변수를 사용할 수 있다. 의사 언어로 변수를 선언할 때는 맨 앞에 ○을 붙여 한국어로 변수의 데이터형을 지정한다. 데이터형 뒤에는 콜론(:)과 변수명을 기재한다.

● 의사 언어에서의 변수 선언

```
○정수형: i
○문자형: c
```

복수의 변수를 한 줄로 선언할 수도 있다. 예를 들어, 정수형 변수 min과 max를 선언하고 싶을 때는, 다음과 같이 콤마(,)로 구분해 나열하면 된다.

● 의사 언어에서 같은 데이터형의 여러 변수를 선언

```
○정수형: min, max
```

● C언어에서 변수 선언하기

실제 프로그래밍 언어를 사용한 변수 선언 방법을 살펴보자. 언어에 대한 예비 지식이 없더라도 이해할 수 있으므로 안심하길 바란다. C언어에서 문자형의 변수를 지정할 때는 char, 정수형의 변수를 선언할 때는 int를 사용한다. char은 character(문자)의 축약어이고, int는 integer(정수)의 축약어다. 예를 들어, C 프로그래밍 안에서 c라는 작은 문자열 변수와 i라는 정수형 변수를 선언할 때는 다음과 같이 기재한다. 마지막의 세미콜론(;)은 행의 끝을 나타내는 기호다.

● C언어에서의 변수 선언

```
char c;
int i;
```

● 자바 언어로 변수 선언하기

자바와 C언어 둘다 같은 char과 int를 사용한다. 예를 들어, Java 프로그램에서 똑같이 c라는 문자형 변수과 i라는 정수형 변수를 선언할 때는 다음과 같이 작성해야 한다. 문장 끝의 세미콜론(;)은 C언어와 마찬가지로 행의 끝을 나타내는 기호다.

● Java언어에서의 변수 선언

```
char c;
int i;
```

■ 변수에 데이터를 대입하려면?

일단 선언한 변수에는 자유롭게 데이터를 넣을 수 있다. 자유라 하더라도 처음에 선언한 데이터형의 범위 내로 제한된다. 변수에 데이터를 넣는 것을 '대입'이라고 한다. 특히 변수를 선언한 후 맨 처음 실시하는 대입을 '변수의 초기화'라고 한다.

변수에는 데이터형에 맞는 데이터를 하나밖에 넣을 수 없다. 여기서 하나라는 것은 한 자리라는 뜻이 아니다. 정수형의 변수에는 1도, 31도, 255도 넣을 수 있다. 단, 문자형 변수에는 문자를 하나만 넣을 수 있다.

● 순서도에서 변수에 데이터 대입하기

순서도에서 변수에 데이터를 대입하려면, 대입하고 싶은 데이터의 값을 작성한 후 '→' 의 오른쪽에 변수명을 써야 한다. 예를 들어, 정수형 i라는 변수에 12라는 정수 데이터를 대입하려면, 다음과 같이 작성해야 한다.

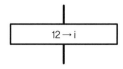

● 의사 언어로 변수에 데이터 대입하기

의사 언어의 화살표의 방향은 순서도와 정반대다. 화살표는 똑같이 사용하지만, 변수는 왼쪽에 쓰고, 대입하는 데이터는 오른쪽에 쓴다.

● 의사 언어에서의 대입

- i ← 12

행 끝에 세미콜론(;)은 필요 없다.

● C언어나 Java로 변수에 데이터 대입하기

프로그래밍 언어를 사용한 프로그램에서는 변수명과 대입할 데이터를 등호로 연결한다. 예를 들어, 정수형 변수 i에 정수 12를 대입하는 경우에는 다음과 같이 쓴다. 이는 C언어, Java도 같다. 여기에서 사용하는 '='는 지금까지 수학에서 배운 '='와는 의미가 다르다는 점에 유의해야 한다.

● C언어나 Java에서의 대입

```
i = 12;
```

프로그래밍 언어에서 '='는 '좌변과 우변이 같다.'라는 의미가 아니라 '좌변의 변수에 우변의 데이터를 대입하라.'는 의미다. 만약, 변수에 무언가 다른 데이터가 들어 있다면 '좌변 변수의 데이터를 우변 데이터로 치환하라.'는 의미가 된다.

프로그래밍을 할 때 자주 등장하는 표현에는 다음과 같은 것이 있다.

```
i = i + 1;
```

이를 수학적으로 생각하면 등식이 성립하지 않지만, 프로그램에서는 '좌변 변수 i에 현재 i의 값에 1을 더한 값을 대입하라.'는 명령이며 컴퓨터는 이를 쉽게 이해하여 그대로 처리한다. 만약, 변수를 선언할 때 취급하는 데이터가 정해져 있다면, 선언과 동시에 데이터를 대입할 수도 있다.

● **C언어에서 변수의 선언과 동시에 데이터를 대입**

```
char c = 'a';
int i = 12;
```

문자형 변수에 대입할 문자는 위와 같이 작은 따옴표(' ')로 둘러싼다.

■ 변수의 데이터를 참조하려면?

변수는 다른 변수의 데이터를 사용하여 계산한 결과를 대입할 수도 있다. 예를 들어, 변수 i의 값(12)에 20을 더한 결과를 변수 k에 대입하고 싶은 경우를 생각해 보자.

● **변수 i의 값을 참조**

```
int i = 12;
int k;
k = i + 20;
```

k에 i+20의 계산 결과를 대입하려면 i 안에 들어 있는 데이터(12)를 갖고 나와 계산할 필요가 있다. 이렇게 다른 변수로부터 데이터를 복사하여 갖고 오는 것을 '참조'라고 한다. 이 경우 '변수 k는 변수 i를 참조하고 있다.'라고 한다. 참고로 계산 실행 후의 k 값은 i+20, 즉 12+20으로 32가 된다. 또한, 변수는 자신의 값을 참조하여 대입할 수도 있다.

● 자기 자신의 값을 참조

```
int i = 1;
i = i + 1;
```

여기서의 두 번째 문장은 먼저 자신의 값을 참조하여 계산한 후 변수 i에 대입하고 있다. i 값은 1 + 1로, 2가 된다.

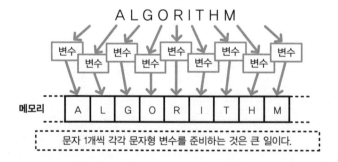

2 배열을 배워 보자

POINT!

- 여러 변수를 모아 사용하고 싶을 때는 배열을 이용한다.
- 배열은 같은 데이터형의 데이터를 한 번에 대량으로 취급할 수 있다.
- 데이터를 집어 넣는 용기를 '요소'라고 하고, 이 요소에 매겨진 번호를 '첨자'라고 한다.

■ 변수에는 한계가 있다

1개의 변수에는 데이터를 각각 1개씩만 넣을 수 있다. 정수형 변수에는 정수를 1개, 문자형 변수에는 문자를 1개만 넣을 수 있다. 이 말은 100개의 정수를 처리하는 프로그램에서는 정수형 변수를 100개 준비해야 한다는 뜻이다.

또한, 'ALGORITHM'이라는 9개의 문자로 구성된 데이터를 처리하려면, 1개의 문자에 대해 문자형 변수 1개, 합계 9개의 문자형 변수를 선언해야 한다. 9개나 100개라면 그냥 단순 작업으로 해낼 수 있겠지만, 이것이 수천 개, 수만 개라면 사람의 힘으로는 무리일 수 있다.

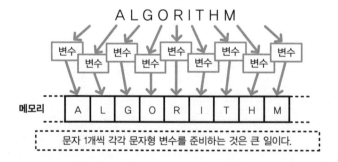

ALGORITHM

메모리 | A | L | G | O | R | I | T | H | M |

문자 1개씩 각각 문자형 변수를 준비하는 것은 큰 일이다.

또한, 선언할 변수가 대량이면 변수명을 부여하는 것도 큰 일이다. 앞에서 설명한 대로 변수명은 모두 다르게 부여해야 한다. 같은 데이터형의 변수명을 모두 만들어야 한다면 아마도 대부분의 사람들은 변수명에 순서대로 숫자를 매길 것이다. 예를 들어, 정수형 변수라면 day1, day2, day3, day4, day5와 같이 숫자를 매길 것이다. 이는 옛날 사람들이 자식들의 이름을 지을 때 태어난 순서대로 일용이, 이용이, 삼용이, 사용이 등과 같이 이름에 숫자를 넣는 것과 비슷하다.

● **C언어에서 정수형 변수를 복수 선언하기**

```
int day1, day2, day3, day4, day5;
```

이러한 방법을 사용한다고 하디리도 100개나 200개의 변수를 선언한다는 것은 꽤 귀찮은 일이다. 이를 어떻게 해결해야 할까? 물론 어떻게든 해결될 것이다. 이러한 변수의 한계를 넘어서기 위한 아이디어가 바로 배열이라 불리는 구조다.

■ 배열의 구조

배열은 같은 데이터형의 여러 변수를 모아 관리하는 구조다. 배열을 사용하면 단지 한 줄로 여러 변수를 동시에 선언하는 것과 똑같은 결과를 얻을 수 있다. 예를 들어, C언어로 5개의 수납 장소를 갖는 정수형 배열을 선언하는 것은 다음과 같이 한 줄만으로 끝난다.

● **C언어에서 정수형 배열을 선언**

```
int i[5];
```

이를 사용하면 많은 변수가 필요하더라도 더 이상 지겨워할 필요가 없다. 배열은 같은 데이터형의 변수 여러 개가 연결된 형태로 되어 있다. 여기서 배열안의 각 변수를 '요소'라고 한다.

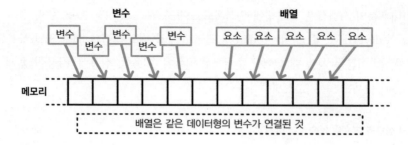

변수   배열

변수   변수   변수   변수   요소 요소 요소 요소 요소

변수   변수

메모리

배열은 같은 데이터형의 변수가 연결된 것

■ 배열의 선언 방법

그럼 배열의 사용방법을 구체적으로 살펴보자. 배열을 선언하는 방법은 변수의 선언과 거의 같다. 배열의 선언에서는 배열의 데이터형과 배열명에 이어 요소를 몇 개나 준비할 것인지를 지정한다.

요소의 수는 배열명 뒤에 대괄호([ ])로 감싸 10진수의 숫자로 지정한다. 배열명의 명명 규칙은 변수명과 같다.

● 순서도에서는 배열의 선언도 필요 없다

앞의 순서도에서 변수는 특별히 선언할 필요가 없다고 했는데, 배열도 이와 마찬가지다. 사용하고 싶은 처리 안에 배열명을 기재하여 사용하면 된다.

● 의사 언어에서 배열 선언하기

의사 언어는 변수의 선언과 거의 같다. 가장 먼저 맨 앞에 ○을 쓴 후 배열의 데이터형과 배열명을 쓰고 요소 수를 대괄호로 감싼다. 예를 들어, 5개의 요소를 갖는 정수형의 배열 i를 선언하려면 다음과 같이 해야 한다.

● 의사 언어에서의 배열 선언

○정수형: i[5]

● C언어에서 배열 선언하기

C언어에서 5개의 요소를 갖는 i라는 이름의 정수형 배열을 선언하고 싶을 때는

● C언어에서의 배열 선언

```
<배열의 데이터형> <배열명>[<요소수>];
int i[5];
```

가 된다. 이것으로 정수형의 변수를 5개 선언한 것과 같은 영역이 메모리에 확보된다.

● Java에서 배열 선언하기

Java에서의 배열 선언은 C언어보다 복잡하다. 처음에 배열의 데이터형과 배열명만 선언하고 그 다음에 요소 수를 정하는 방식으로 2단계 절차를 밟는다. 지금은 프로그래밍 언어에 따라 다르다는 점만 느끼면 된다.

● Java에서의 배열 선언

```
배열의 데이터형 배열명;
배열명 = new 배열형[요소 수];
int[] i;
i = new int[5];
```

참고로 배열에서는 처음에 정한 요소 수를 나중에 변경할 수 없다. 따라서 프로그램을 작성하기 전, 알고리즘을 만드는 단계에서 요소 수가 몇 개 필요한지 미리 파악해 둘 필요가 있다.

■ 배열 요소에 데이터를 대입하려면?

배열을 선언한 후에는 데이터를 각 요소에 자유롭게 대입할 수 있다. 대입하려면 각 요소의 이름을 알아야 한다. 그러나 이름을 일부러 붙일 필요는 없다. 요소의 이름은 배열을 선언함과 동시에 정해지기 때문이다.

5개의 요소를 갖는 정수형 배열 i의 경우, 첫 번째 요소명은 i[0], 두 번째 요소명은 i[1], 그 이후는 순서대로 i[2], i[3], i[4]가 된다. 각 요소를 대괄호([ ])로 감싼 숫자를 **첨자**(또는 요소 번호, 인덱스)라고 한다.

대부분의 프로그래밍 언어에서 첨자는 0부터 시작하므로 5개의 요소를 갖는 배열을 선언한 경우에는 0부터 4까지가 된다. 마지막 요소의 첨자는 요소 수보다 1만큼 작다는 점에 주의하자.

● 배열과 첨자

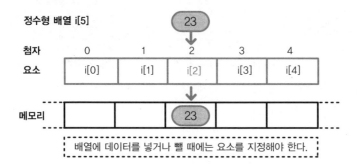

각 요소에 데이터를 대입하는 방법은 변수와 같다. 순서도의 경우에는 좌변에 대입하고 싶은 데이터를 쓴 후 '→'를 쓰고, 우변에 배열의 요소명을 쓴다. 의사 언어의 경우에는 좌변에 배열의 요소명을 쓴 후, 우변에 대입하고 싶은 데이터를 쓰고 '←'로 연결한다.

C언어나 Java는 좌변에 배열의 요소명을 쓴 후 우변에 대입하고 싶은 데이터를 쓰고 '='로 연결한다. 예를 들어, 세 번째 요소 i[2]에 '56'이라는 숫자를 대입하고 싶을 때는 다음과 같이 쓴다.

● 의사 언어에서의 대입

i[2] ← 56

● C언어나 Java에서의 대입

i[2] = 56;

● 순서도에서의 대입

56 → i[2]

배열 요소가 자동으로 앞에서부터 하나씩 순서대로 할당되는 것은 효율적인 알고리즘을 만드는 데에 있어 매우 편리하다. 얼마나 편리한지는 나중에 직접 알고리즘을 배우다 보면 자연스럽게 알게 된다.

알고리즘에 익숙해지기

Algorithm

1 삼각형의 면적을 계산하는 알고리즘

POINT!

- 아는 것부터 처리로 분해하여 절차를 생각한다.
- 사칙연산 처리에는 산술 연산자를 사용한다.
- 나눗셈을 나타내는 ' / '와 '%'의 차이에 주의한다.

지금부터 실제 프로그램처럼 알고리즘을 배워 보자. 처음에 무언가를 배울 때 명심해야 할 점은 확실히 알 수 있는 부분부터 시작하는 것이다. 이런 의미에서 삼각형의 면적을 계산하는 단순한 알고리즘부터 시작하자. 이 알고리즘의 목표는 순서도와 의사언어로 표현해 보는 것이다.

■ 아는 것부터 처리 단위로 분해한 후 각각의 절차를 생각한다

여러분 중에는 수학에서 손을 뗀 지 오래된 사람도 있을 것이다. 혹시 삼각형의 면적 계산 방법을 기억하고 있는가? 면적을 구하는 공식은 다음과 같다.

삼각형의 면적 = 밑변 길이 × 높이 ÷ 2

이 계산 과정이 어떠한 데이터와 처리로부터 성립하는지 생각해 보자. 우선 데이터로서 필요한 것은 '밑변 길이'와 '높이'다. 각각의 변수를 준비한 후 각각 대입한다. 데이터를 취급하려면 가장 먼저 변수가 필요하다.

그런 다음, 실제 계산할 처리를 고려해야 한다. '밑변 길이'와 '높이'를 곱한 후에 2로 나누어 '면적'을 구한다. 단순히 계산하는 것만으로는 계산 결과가 어떻게 나타날지 알 수 없다. 계산한 결과의 데이터는 별도의 변수를 준비하여 대입한 후 '면적' 데이터를 컴퓨터의 디스플레이에 표시한다.

프로그램의 실행 과정을 디스플레이에 표시하는 것을 프로그래밍 언어에서는 '표준 출력으로 출력한다.'라고 말한다. 삼각형의 면적을 계산하는 알고리즘은 이것으로 끝이다.

필요한 변수는 '밑변의 길이', '높이', '면적'을 대입하는 실수형 변수가 3개이고, 처리는 순차 구조라는 사실을 알게 되었다.

 표준 출력
표준 출력이란, 컴퓨터에서 가장 보편적으로 사용하는 출력 장치를 의미한다. 대부분의 컴퓨터에는 디스플레이가 연결되어 있으므로 표준 출력이라 할 때는 대개 디스플레이를 가르킨다.

■ 알고리즘을 나타내는 순서도 만들기

순차 구조의 경우, 변수와 처리와 절차를 이해하고 있으면 이미 순서도가 만들어졌다고 해도 지나친 말이 아니다. 우선 실수형 변수 3개를 준비한 후 밑변의 길이를 대입할 변수를 base, 높이를 대입할 변수를 height, 면적을 대입할 변수를 area로 정한다.

 표준 입력
여기서 입력은 키보드 등의 입력 장치를 사용하여 컴퓨터에 데이터를 입력하는 것을 가리킨다. 특히 키보드로 입력하는 것을 '표준 입력'이라고 한다. 여기서 표준 입력은 컴퓨터에서 당연하게 사용하는 데이터 장치라는 의미다.

base × height ÷ 2를 계산한 후 그 결과를 area에 대입한다.

마지막으로 area 데이터를 출력한다. 순서도에서는 변수를 선언하지 않아도 되므로(44쪽 참조) 변수를 준비하는 처리는 쓰지 않는다. 이상의 처리를 순서도로 나타내면 다음과 같다.

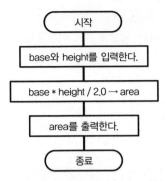

● 삼각형의 면적을 계산하는 알고리즘(순서도)

■ 사칙 연산을 나타내는 산술 연산자

이번 처리에는 사칙 연산을 실시하고 있다. 여기서 사칙 연산이란, 더하기(덧셈), 빼기(뺄셈), 곱하기(곱셈), 나누기(나눗셈)를 말한다. 프로그램에서는 사칙 연산을 산술 연산자라는 기호를 사용하여 기술하므로 알고리즘을 작성할 때도 산술 연산자를 사용한다.

산술 연산자는 프로그래밍 언어에 따라 약간 다른데, 기본적인 연산자는 공통이다. 다음은 C언어와 Java의 산술 연산자를 예로 든 것이다.

● 산술 연산자

연산자	의미	일반적인 기호	C언어	Java
+	덧셈으로 합을 구한다.	+	+	+
-	뺄셈으로 차를 구한다.	-	-	-
*	곱셈으로 곱한 값을 구한다.	×	*	*
/	나눗셈으로 몫을 구한다.	÷	/	/
%	나눗셈으로 나머지 값을 구한다.	나머지(…)	%	%

※ 나눗셈에서 나머지를 구할 때 '%'가 아닌 'Mod'를 사용하는 프로그래밍 언어도 있다.

이 책에서는 산술 연산자를 일반적인 수학 기호로 표현하고 있지만, C언어나 Java 등과 같은 프로그래밍 언어에서는 앞의 표와 같이 표현한다. 이러한 다섯 가지 산술 연산자를 본 후에도 나머지를 구하는 '%'의 사용법을 잘 모르는 사람도 있을지 모르겠다.

13을 3으로 나누는 나눗셈을 예로 들어 보자(참고로 이는 정수형끼리의 나눗셈인 경우이며, 실수형의 나눗셈에서는 계산 결과가 다르다).

13을 3으로 나누면 몫은 4, 나머지는 1이 된다. 즉, 하나의 계산식에서 몫과 나머지가 2개인 값이 산출된다. 수학에서는 다음과 같이 쓰거나,

13 ÷ 3 = 4 나머지 1

다음과 같이 쓴다.

13 ÷ 3 = 4 … 1

즉, 이 '13 ÷ 3'이라는 계산식에서는 몫을 구하는 기능과 나머지를 구하는 기능 두 가지가 동거하고 있는 셈이다.

프로그래밍에서는 이 두 가지 기능을 분리하여 몫을 계산하는 쪽을 '/'라는 기호로 나타내고, 나머지를 계산하는 쪽을 '%'라는 기호로 나타낸다. 이번 예에서 말하자면 '13 / 3'은 4가 되고, '13 % 3'은 1이 된다.

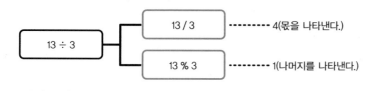

● '/'과 '%'의 차이

'/'를 사용하여 몫을 구하는 계산식에서는 나머지를 고려하지 않고, '%'를 사용하여 나머지를 구하는 계산식에서는 몫을 고려하지 않는다. 나눗셈에서는 몫이 0이 되는 경우도 있고, 나머지가 0이 되는 경우도 있다. 예를 들어, '2 ÷ 3'을 계산하면 몫은 0이

되고, 나머지는 2가 된다. 이를 산술 연산자를 사용하여 나타내면 '2 / 3'은 0이 되고, '2 % 3'은 2가 된다.

■ 알고리즘을 의사 언어로 작성하기

삼각형의 면적을 계산하는 알고리즘을 의사 언어로 작성해 보자. 의사 언어로 작성할 때는 가장 먼저 변수를 선언한다. 변수를 선언할 때는 줄의 맨 앞에 '○'을 붙인다(51쪽 참조). 이후의 처리는 줄의 맨 앞에 '·'을 쓰고, 하나의 처리를 한 행씩 나누어 쓴다. 순차 구조이므로 간결해 보인다.

> ○ 실수형: base, height, area
> · base와 height를 입력한다.
> · area ← base * height / 2.0
> · area를 출력한다.

● 삼각형의 면적을 계산하는 알고리즘(의사 언어)

2 두 데이터의 대소를 판단하는 알고리즘

POINT!

- 2개의 데이터를 비교하려면 선택 구조를 사용한다.
- 조건식에서는 관계 연산자를 사용한다.

알고리즘에 익숙해지기 위해 간단한 알고리즘을 하나 더 확인해 보자. 이를 위해 입력된 2개의 데이터를 비교하여 대소를 판정하는 알고리즘을 생각해 본다.

■ 2개의 데이터 중에서 큰 것은 어느 쪽일까?

이번 알고리즘의 목적은 두 데이터의 크기를 비교하는 것이다. 이때 취급하는 데이터는 2개이므로 실수형 변수를 2개 준비하여 각각의 데이터를 입력한다. 변수명은 a와 b라고 하자.

가장 먼저 데이터를 비교하는 처리를 고려한다. a와 b를 비교하여 a 쪽이 크면 a를 출력하고, 그렇지 않으면 b를 출력한다. 특별히 계산할 필요도 없는 단순한 알고리즘이므로 이것만으로 대소 판정을 마치게 된다.

■ 알고리즘을 나타내는 흐름 만들기

지금까지의 알고리즘을 순서도로 만들어 보자. 실수형 변수 a와 b를 선언할 때 순서도는 작성하지 않는다. 가장 먼저 변수 a와 b에 데이터를 입력한 후 비교한다. a가 b보다 큰 경우는 a를 출력하고, 그렇지 않은 경우는 b를 출력한다. 앞의 처리를 순서도로 나타내면 다음과 같다.

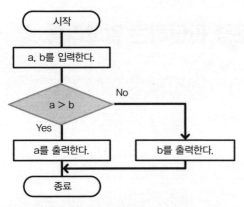

● 두 데이터의 대소를 판정하는 알고리즘(순서도)

순서도 안의 색을 칠한 부분에 'a > b'라고 쓰여 있다. 이는 'a는 b보다 큰가?'라는 판단 처리를 프로그래밍 언어처럼 나타낸 조건식이다. 조건식으로 사용하는 기호에는 이 밖에도 몇 가지 종류가 있으므로 이번 기회에 배워 두자.

■ 데이터를 비교하는 관계 연산자

2개의 데이터를 비교할 때 사용하는 기호를 '관계 연산자' 또는 '비교 연산자'라고 한다. 관계 연산자에는 다음과 같은 것이 있다. 여기에서도 C언어와 Java에서의 관계 연산자 사용법을 예로 들어 본다.

● 관계 연산자

연산자	의미	일반적인 기호	C언어	Java
=	a와 b는 같은가?	a = b	a == b	a == b
≠	a와 b는 같지 않은가?	a ≠ b	a != b	a != b
>	a는 b보다 큰가?	a > b	a > b	a > b
<	a는 b보다 작은가?	a < b	a < b	a < b
≥	a는 b보다 크거나 같은가?	a ≥ b	a >= b	a >= b
≤	a는 b보다 작거나 같은가?	a ≤ b	a <= b	a <= b

비교할 대상은 데이터뿐만이 아니다. 다음과 같이 산술 연산자를 사용한 계산식도 함께 비교할 수 있다.

```
a + b > 0
a % b ≠ 0
```

위의 'a + b > 0'은 'a + b가 0보다 큰가?'라는 조건식을 나타내고 그 아래의 'a % b ≠ 0'은 'a를 b로 나눈 나머지가 0이 아닌가?'라는 조건식을 나타내고 있다.

'>', '<'(보다 크다, 보다 작다)와 '≥', '≤'(보다 크거나 같다, 보다 작거나 같다)의 차이에 대해서도 일단 설명한다. '보다 크다(작다)'는 비교할 2개의 데이터가 같은 경우에 'No'라고 판정한다. 한편 '보다 크거나 같다(작거나 같다)'의 경우에는 2개의 데이터가 같은 경우에 Yes라고 판정한다.

관계 연산자의 의미를 알게 되었기 때문에 알고리즘에 결점이 있다는 것을 쉽게 알 수 있다. 즉, 조건식 'a > b'에서는 a와 b가 같은 경우, No라고 판정하여 b 쪽이 큰 데이터라는 결과를 출력한다. 이런 오류를 피하기 위해 또 하나의 조건식을 추가할 필요가 있다.

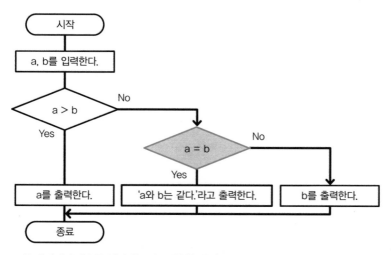

● 두 데이터의 대소를 판정하는 알고리즘(순서도)

a가 b보다 큰 경우에는 a를 출력하고, b가 a보다 큰 경우에는 b를 출력한다. 그리고 a와 b가 같은 경우는 'a와 b는 같다.'라는 결과를 출력한다.

알고리즘을 의사 언어로 작성하기

가장 먼저 변수를 선언한다. 'a > b'는 선택 구조이므로 화살표를 사용하여 세로로 양쪽 끝단을 연결한 후 Yes인 경우의 처리와 No인 경우의 처리를 각각 나누어 표현한다.

No인 경우의 처리는 조건식 'a = b'의 선택 구조가 되므로 선택 구조 안에 선택 구조가 들어가는 중첩 구조가 된다. 이것도 처리를 Yes인 경우와 No인 경우로 나누어 작성한다.

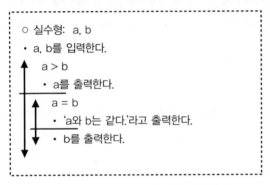

```
○ 실수형:  a, b
• a, b를 입력한다.
   a > b
     • a를 출력한다.
   a = b
     • 'a와 b는 같다.'라고 출력한다.
     • b를 출력한다.
```

● 두 데이터의 대소를 판정하는 알고리즘(의사 언어)

3 두 변수의 데이터를 교환하는 알고리즘

POINT!

• 두 변수의 데이터를 직접 교환할 수 없다.
• 교환용의 변수를 사용한다.

이번에는 여러 알고리즘에서 자주 사용하는 두 변수의 데이터를 교환하는 알고리즘에 대해 알아보자.

■ 두 데이터를 교환하는 것은 간단한가?

두 데이터를 교환하는 것은 그다지 어렵지 않을 것 같다. 과연 그럴까? 우선 정수형 변수 2개를 준비한 후 각 변수명을 a, b라고 정한다. 변수 a에는 11, 변수 b에는 55를 입력한다. 교환이라고 했으므로 '서로 상대방의 데이터를 대입하면 되지 않을까?'라는 생각을 할 것이다. 이를 순서도로 표현하면 다음과 같다.

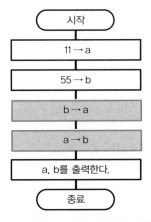

● 2개의 데이터를 직접 서로 대입한다.

위의 알고리즘에서는 변수 a와 b 모두 55가 출력된다. 그 이유는 무엇일까?

위 알고리즘에서는 'b → a'의 처리로 변수 b의 데이터를 변수 a에 대입하고 있다. 이 시점에서 변수 a의 값은 b와 같은 55가 된다. 그 다음 처리로 변수 b에 대입되는 변수 a의 값은 55다. 이렇게 해서 양쪽 모두 55가 되는 것이다. 이와 같아서는 제대로 동작할 수 없다. 그렇다면 어떻게 해야 좋을까? 이를 해결하려면 변수가 있어야 한다.

■ 데이터 교환용의 변수를 사용한다

두 변수의 데이터를 교환하기 위해 각각의 변수와는 별도로 데이터를 주고받을 변수를 준비하고, 이를 정수형 변수 w라고 하자. 처음에 이 변수 w에는 대입할 변수 a를 미리 복사해 둔다. 이렇게 해야만 2개의 변수 데이터를 삼각 변환 형식으로 교환할 수 있게 된다.

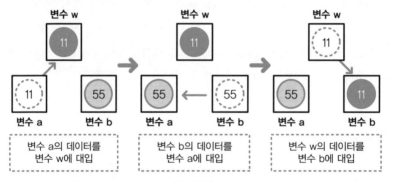

변수 w	변수 w	변수 w
11	11	11
변수 a : 11 / 변수 b : 55	변수 a : 55 / 변수 b : 55	변수 a : 55 / 변수 b : 11
변수 a의 데이터를 변수 w에 대입	변수 b의 데이터를 변수 a에 대입	변수 w의 데이터를 변수 b에 대입

● 변수 w를 사용하여 두 변수의 데이터를 교환한다

우선, 변수 a의 데이터를 변수 w에 대입한다. 그런 다음, 변수 b의 데이터를 변수 a에 대입한다. 마지막으로, 변수 w에 대입해 둔 변수 a의 데이터를 변수 b에 대입한다. 이 것으로 교환을 무사히 마쳤다. 이를 순서도로 표현하면 다음과 같다.

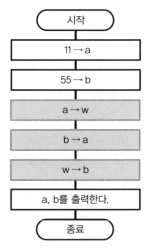

● 두 변수의 데이터를 교환하는 알고리즘(순서도)

■ 알고리즘을 의사 언어로 작성하기

요령을 알면 매우 간단하다. 의사 언어로 표현할 필요도 없지만, 일단 작성해 보겠다.

> ○ 정수형: a, b, w
> - a ← 11
> - b ← 55
> - w ← a
> - a ← b
> - b ← w
> - a, b를 출력한다.

● 두 변수의 데이터를 교환하는 알고리즘(의사 언어)

4 합계값을 계산하는 알고리즘

이번에는 배열을 사용해 모든 요소의 데이터를 더하는 알고리즘에 대해 알아보자.

■ 단순히 합계를 구하는 알고리즘도 있다

가장 먼저 5개의 요소를 갖고 있는 정수형 배열을 준비한다. 첨자는 앞에서부터 0, 1, 2, 3, 4다. 각 요소에는 다음과 같은 데이터가 들어 있다. array[0]은 12, array[1]은 13, array[2]는 11, array[3]은 14, array[4]는 10이다.

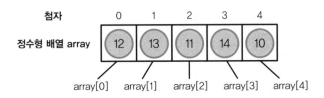

5개의 데이터 합계를 구하는 가장 단순한 알고리즘은 전부를 더하는 처리를 실행하는 것이다. 합계값은 정수형 변수 sum에 대입한다.

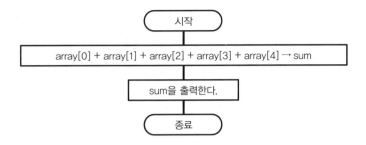

만약 요소값이 늘어나면 어떻게 될까? 지금은 5개이므로 단순히 서로 더한 후 변수 sum에 대입해도 괜찮지만, 이것이 10개, 100개, 1000개가 되면 서로 더하는 처리를 작성하는 데 많은 시간이 필요하다.

이번에는 반복 구조를 사용하여 합계를 계산하는 알고리즘을 생각해 보자.

■ 반복 구조를 사용한 알고리즘 생각해 보기

합계값을 대입하는 변수로 정수형 변수 sum을 사용한다. 가장 먼저 변수 sum에 array[0]의 데이터를 대입한 후 다른 요소의 데이터를 하나씩 순서대로 더하여 sum에 대입한다.

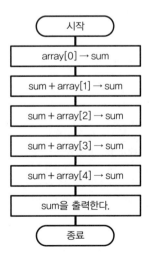

얼핏 보면 제대로 처리된 것처럼 보이지만, 처음의 'array[0] → sum'이 다른 처리와 다른 모습이다. 이를 다른 처리와 같은 형태로 하되, 처리를 다섯 번 반복하는 형태로 만들고 싶다. 그래서 다음 그림과 같이 해 보았다.

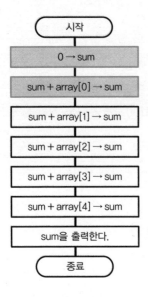

● 변수의 초기화

'array[0] → sum'을 'sum + array[0] → sum'으로 바꾸었다. 이렇게 변경하기 위해 미리 sum에 0을 대입하는 처리를 추가한다. 이 처리는 제2장에서 설명한 변수의 초기화다. 처음에 대입한 0을 '초깃값'이라고 한다.

 참고 **왜 초기화가 필요한가?**

제2장에서 배운 것처럼 변수는 메모리에서 사용하고 있지 않은 장소를 자동으로 찾아주는 기능이다. 그러나 그 장소에는 전에 사용한 데이터가 지워지지 않은 상태로 남아 있을 가능성이 있다. 즉, 새롭게 선언한 변수 안에는 이미 어떤 데이터가 들어가 있을지도 모른다. 변수 sum의 값이 0일 것이라는 생각만 가지고 array[0]을 더하면 혹시 그 안에 남아 있는 데이터가 있을 경우 합계값이 이상해진다. 이러한 일이 발생하지 않도록 초기화를 실시해야 한다.

● 똑같은 절차를 반복 구조로 한다

이것으로 똑같은 절차의 반복이 다섯 번 발생했다. 이를 반복 구조로 바꿔 보자.

반복 구조를 만들 때의 핵심은 변화하고 있는 부분의 처리다. 다섯 번의 처리에서 변화하고 있는 것은 첨자 부분이다. 0, 1, 2, 3, 4와 같이 하나씩 증가하고 있다. 즉, 반복하고 싶은 처리에 첨자를 하나씩 증가시키는 처리를 추가하여 함께 반복 처리로 바꾸면 된다.

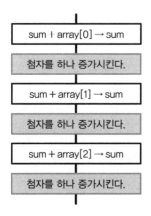

● 변화하는 첨자가 핵심

● 배열의 첨자를 변수i로 치환한다

변화하는 첨자를 변수로 해 두자. 정수형 변수 i를 준비하여 모든 첨자를 i로 치환한다.

i는 첨자를 의미하는 영어인 index의 첫 문자다. 처음 처리가 array[0]부터 시작하므로 i의 초깃값은 0으로 한다.

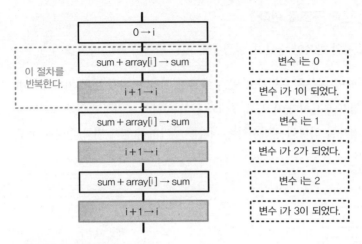

● 첨자를 변수 i로 치환한 순서도

각 요소의 데이터를 변수 sum에 더하는 처리를 실시한 후 변수 i의 값을 하나 증가시키는 처리(i+1→i)를 실행하고 있다. 다음 그림은 이 두 가지 처리 절차를 정리하여 반복하도록 화살표를 변경한 것이다. 순서도의 오른쪽에 반복 횟수마다 변수 i의 값이 어떻게 변화하는지 써 두었다.

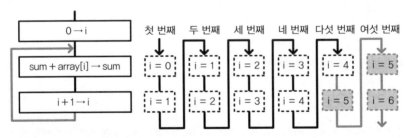

● 반복하도록 수정한 순서도

그러나 이는 알고리즘의 금지 사항인 무한 루프를 야기시킨다(19쪽 참조). 이 상태로는 영원히 반복하므로 덧셈 처리를 계속하게 된다.

● 무한 루프를 방지하는 처리를 추가한다

앞 그림에서 나온 변수 i 값의 변화를 추적해 보자. i 값이 5가 되면 그 다음에는 반복 처리를 실행하지 않도록 해야 할 것 같다.

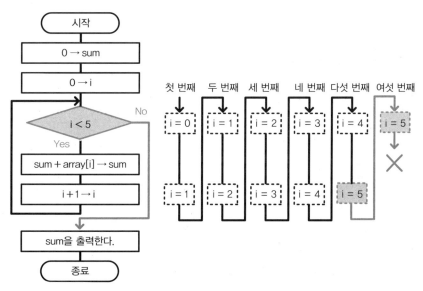

● 합계를 계산하는 알고리즘(순서도)

여기서 '0 → i'의 바로 뒤, 즉 반복 처리에 들어가기 전에 '변수 i는 5보다 작은가?'라는 판단 처리를 알고리즘에 추가한다.

'i < 5'라는 조건식의 선택 처리를 추가했다. 변수가 i가 4가 될 때까지 반복 처리를 실행한다. 변수 i가 5가 되면 'i < 5'라는 조건을 만족하지 못하고 'No'가 되므로 반복 처리의 루프로부터 빠져나와 마지막에 변수 sum의 값을 출력한다.

알고리즘을 의사 언어로 작성하기

방금 만든 알고리즘을 의사 언어로 작성해 보자.

먼저 변수와 배열의 선언이다. 배열은 정수형 배열의 **array[5]**다. 요소에는 선언 시에 데이터를 대입해 둔다. 배열의 경우, 여러 데이터를 한꺼번에 대입할 때는 **array[5] = {12, 13, 11, 14, 10}**과 같이 맨 앞의 요소에 대입하고 싶은 데이터부터 순서대로 콤마로 구분해 중괄호로 묶는다. 변수는 2개로 정수형 변수 sum과 i다.

반복 구조는 'i < 5'부터 'i ← i + 1'까지다. 마지막으로, 변수 sum 값을 출력하여 종료한다.

```
○ 정수형: array[5] = {12, 13, 11, 14, 10}
○ 정수형: sum, i
• sum ← 0
• i ← 0
┃  i < 5
┃    • sum ← sum + array[i]
┃    • i ← i+1
┃
• sum을 출력한다.
```

● 합계를 계산하는 알고리즘(의사 언어)

5 최댓값을 찾는 알고리즘

마지막으로 배열에 저장된 데이터 중에서 최댓값을 찾아 출력하는 알고리즘에 대해 알아보자.

■ 5개의 데이터 중에서 가장 큰 값은 무엇인가?

사람의 경우, 5개의 데이터 중에서 최댓값을 찾는 것은 매우 간단한 일이다. 그냥 봐서도 어느 것이 가장 큰지 알 수 있기 때문이다. 하지만 컴퓨터라면 그렇게 간단하지 않다. '가장 큰 데이터를 찾는다.'라는 작업을 컴퓨터가 이해할 수 있는 처리로 분해한 후 절차에 맞춰 작성해야 한다.

'가장 큰 값을 찾는 일'을 어떠한 처리로 분해할까? 여기에서는 앞에서부터 뒤로 순서대로 2개의 데이터를 비교해 나가는 방식을 사용한다. '두 데이터의 대소를 판정하는' 알고리즘은 앞 장에서 이미 학습했다.

이번에 데이터를 저장할 배열은 요소가 5개인 정수형 배열 array로 한다.

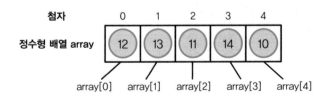

첨자는 0부터 시작한다. 앞에서부터 순서대로 0, 1, 2, 3, 4다. 따라서 각각의 요소는 array[0], array[1], array[2], array[3], array[4]라는 이름이 된다. array[0]에 들어 있는 데이터는 12, array[1]는 13, array[2]는 11, array[3]은 14, array[4]는 10이다.

■ 순서도를 만들면서 알고리즘 고려하기

가장 먼저 array[0]과 array[1]을 비교한다. 이 둘 중에 큰 것과 array[2]를 비교한다. 더불어 그 둘 중에 큰 쪽과 array[3]을 비교하고, 그중 큰 것과 array[4]를 비교한다. 이렇게 하면 마지막 비교에서 큰 데이터가 5개의 데이터 중 최댓값이 된다. 하지만 이를 알고리즘으로 나타내려면 꽤 큰 일이 된다. 앞부분만 순서도로 작성해 보자.

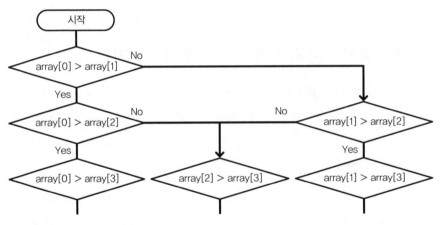

● 구조가 복잡할 것 같은 순서도

그림에서 알 수 있는 바와 같이 복잡한 순서도가 되었다. 알고리즘이 복잡하면 프로그래밍도 복잡해지기 때문에 실수할 가능성이 높아진다. 따라서 그다지 좋은 알고리즘이라고 할 수 없다. 이 경우에는 좀 더 간단한 알고리즘으로 만들 수 없는지 고민해 보는 것이 좋다.

잠정적으로 최댓값을 보관하는 변수 max 준비하기

정수형 변수 1개를 별도로 준비하여 그때그때의 최댓값을 보관하는 방법을 사용해 보자. 변수명은 최댓값(maximum)을 보관하는 변수이므로 max로 한다.

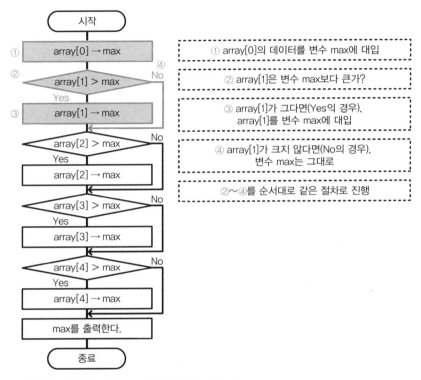

● **최댓값을 보관하는 변수 max를 사용한 알고리즘**

다음은 순서도를 설명한 것이다.

① 우선, 맨앞의 요소인 array[0]의 데이터를 변수 max에 대입한다. 아직 어떤 요소와도 비교하지 않은 잠정적인 챔피언이므로 '잠정 최댓값'이라 할 수 있다.

② 첫 번째 비교다. 앞에서는 array[0]과 array[1]를 직접 비교했는데, 이번에는 다르다. array[0]의 데이터는 잠정 최댓값으로, 변수 max에 보관되어 있으므로 변수 max와

array[1]를 비교하면 된다.

③ array[1]가 크면 이것이 새로운 최댓값이 되므로 array[1]의 데이터를 변수 max에 대입한다.

④ array[1]가 변수 max보다 크지 않으면 변수 max(에 보관된 array[0])가 계속 최댓값의 자리를 유지하므로 다음 비교로 진행한다. 이후 순서대로 array[2], array[3], array[4]와 변수 max를 똑같은 순서대로 비교하면 최종적으로 변수 max에 5개의 요소 중 최댓값이 들어가 있게 된다. 그러므로 변수 max를 출력한다.

■ 같은 절차를 반복 구조로 하기

방금 만든 알고리즘에는 같은 절차의 반복이 네 번 있다. 이를 반복 구조로 만들면 알고리즘을 좀 더 간단하게 만들 수 있을 것 같다. 다음 그림은 반복되고 있는 절차를 나타낸 것이다.

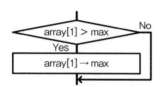

● 반복되고 있는 절차

반복 구조를 만들 때는 변화하고 있는 부분에 주의해야 한다. 네 번의 처리에서 변화하고 있는 것은 첨자 부분이다. 1, 2, 3, 4와 같이 하나씩 증가하고 있다. 반복하는 절차와 절차 사이에 첨자를 하나씩 증가하는 처리를 넣어 이를 반복하는 처리로 하면 될 것 같다.

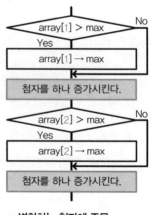

● 변화하는 첨자에 주목

■ 배열 첨자를 변수 i로 치환한다

여기서 다시 변수를 활용한다. 즉, 변화하는 첨자를 변수로 하면 된다. 정수형 변수 i를 준비해 같은 알고리즘이 되도록 처리를 추가한다.

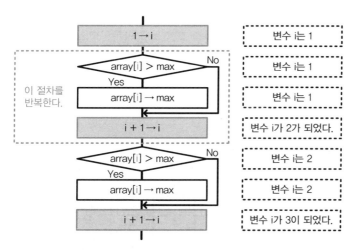

● 첨자를 변수 i로 치환한 순서도

첨자를 변수 i로 치환했다. 변수 i에는 초깃값인 1을 대입한다.

비교 처리를 실시한 후 큰 쪽의 데이터를 변수 max에 대입하고, 변수 i의 값을 1개 증가시키는 처리를 실시한다. 다음 그림은 비교 처리부터 변수 i를 1개 증가시킬 때까지의 순서를 반복하도록 화살표를 변경한 것이다.

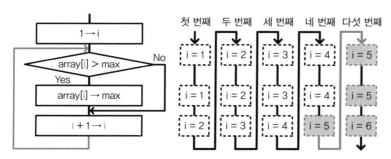

● 반복하도록 흐름선을 추가한 순서도

물론 지금 상태로는 알고리즘이 무한 루프이기 때문에 아직 완성된 수준이 아니다.

■ 무한 루프를 방지하는 처리를 추가한다

반복 횟수마다 변수 i 값을 살펴보았더니 다섯 번째의 반복을 시작할 때 저지하는 것이 좋을 것 같다. 따라서 '변수 i 값이 5가 되면 반복을 그만 둔다.'라는 처리를 알고리즘에 추가해야 한다.

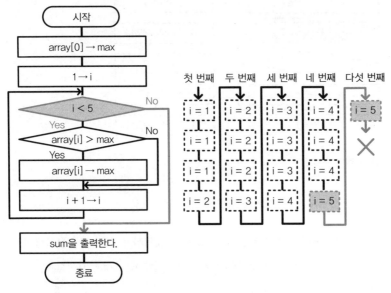

● **최댓값을 찾는 알고리즘(순서도)**

'i < 5'라는 조건식의 선택 처리를 추가했다. 이는 '변수 i는 5보다 작은가?'를 판단하는 조건식이다. 변수 i가 1, 2, 3, 4인 경우에는 반복 처리를 실행한다. 그러나 변수 i가 5가 되면 '변수 i는 5보다 작은가?'라는 조건식에 대해 'No'가 되므로 이 상태에서 반복 처리의 루프를 빠져나온다. 마지막으로, 변수 max값을 출력한 후 종료한다.

알고리즘을 의사 언어로 작성한다

가장 먼저 변수와 배열을 선언한다. 이번에 사용하는 배열은 정수형 배열의 array[5]다. 변수는 정수형 변수의 max와 i를 2개 준비한다.

'i < 5'에서부터 'i ← i + 1'까지는 반복 구조이고, 그리고 그 안의 'array[i] > max'에서 'max ← array[i]'까지는 선택 구조다. 이번에는 선택 구조에서 No인 경우에 대한 처리가 없으므로 가로축은 필요 없다.

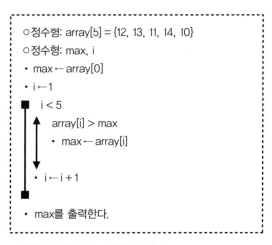

```
○정수형: array[5] = {12, 13, 11, 14, 10}
○정수형: max, i
• max ← array[0]
• i ← 1
■  i < 5
      array[i] > max
      • max ← array[i]

• i ← i + 1

• max를 출력한다.
```

● 최댓값을 찾는 알고리즘(의사 언어)

선형 탐색법
(리니어 서치)

Algorithm

1 유명한 알고리즘이란?

POINT!

- 기본적인 처리 절차를 갖고 있는 알고리즘이다.
- 좋은 프로그램을 만들기 위한 사고방식이나 힌트가 많이 포함되어 있다.
- 유명한 알고리즘을 학습하는 것은 프로그래밍 기술의 향상에 도움이 된다.

우리 주변에는 다양한 알고리즘이 많이 있는데, 그중에서도 유명한 알고리즘이 있다. 유명한 알고리즘을 배우는 것은 프로그래밍 기술 향상에 도움이 된다. 이 장에서는 하나씩 순서대로 유명한 알고리즘을 배운다. 여기에서는 유명한 알고리즘이란 무엇이며, 어떠한 것이 있는지를 알아보자.

■ 유명한 알고리즘이란 무엇인가?

알고리즘은 크게 탐색, 정렬, 수치 계산, 문자열 탐색으로 나눌 수 있다. 그리고 각 종류별로 유명한 알고리즘이 있다. 컴퓨터가 발명된 이래 수많은 알고리즘이 생겨나고, 개량되고, 도태됐다.

유명한 알고리즘은 그러한 선인들의 시행착오를 거쳐 좋은 알고리즘으로 알려지게 되었고, 수많은 프로그램에서 계속 사용되고 있다. 좋은 프로그램을 만들기 위한 사고방식이나 힌트가 많이 담겨 있는 이른바 알고리즘 교과서인 것이다.

■ 유명한 알고리즘의 종류

탐색, 정렬, 수치 계산, 문자열 탐색 등으로 유명한 알고리즘은 다음과 같다. 이 책에서는 이들 중에서도 가장 기본적인 알고리즘을 추려 한 장에 하나씩 설명한다. 아래에서 색 문자로 되어 있는 것이 이 책에서 다루는 알고리즘이다.

● 탐색

- 선형 탐색법(리니어 서치) …… 맨 앞부터 순서대로 찾는다.

- 이진 탐색법(바이너리 서치) …… 범위를 절반씩 추려가면서 찾는다.

- 해시 탐색법 …… 계산해서 저장 위치를 찾는다.

● 정렬

- 단순 정렬법(선택 소트) …… 최솟(댓)값을 선택하여 맨 앞부터 순서대로 나열한다.

- 단순 교환법(버블 소트) …… 옆에 있는 데이터를 교환하면서 자리를 바꿔 나열한다.

- 단순 삽입법(삽입 소트) …… 데이터를 올바른 위치에 삽입하면서 자리를 바꿔 나열한다.

- 퀵 정렬 …… 기준 데이터를 기반으로 대소 분할을 반복하여 자리를 바꿔 나열한다.

- 머지 정렬 …… 이분할과 머지(병합)를 이용하여 자리를 바꿔 나열한다.

- 힙 정렬 …… 힙이라는 데이터 구조를 이용하여 자리를 바꿔 나열한다.

- 셸 정렬 …… 그룹을 나누면서 자리를 바꿔 나열한다.

● 수치 계산(수치 해석)

- 에라토스테네스의 체(Sieve of Eratosthenes) …… 소수를 구하는 알고리즘

- 유클리드 알고리즘 …… 최대 공약수를 구하는 알고리즘

- 가우스 소거법 …… 연립 1차 방정식을 푸는 알고리즘

- 사다리꼴 법칙 …… 정적분의 근삿값을 구하기 위한 알고리즘

- 다익스트라 알고리즘 …… 그래프에서 최적 경로를 구하는 알고리즘

- 이분법 …… 방정식을 푸는 알고리즘

- 뉴턴법(뉴턴 랩슨법) …… 방정식을 푸는 알고리즘

● 문자열 탐색

- 무차별 검색법(브루트 포스 검색법) …… 맨 앞부터 한 문자씩 차례대로 탐색

- KMP(커누스-모리스-프랫) 알고리즘 …… 불일치 부분에 착목하여 탐색

- BM(보이어-무어) 알고리즘 …… 부분 문자열의 끝에서부터 탐색

POINT!

• 탐색 알고리즘은 원하는 데이터를 찾아내는 알고리즘이다.
• 검색 엔진도 탐색 알고리즘을 사용한다.

알고리즘의 네 가지 종류 중에서 탐색 및 정렬은 가장 많이 사용되기 때문에 초기에 배워 두어야 한다. 이 책에서는 가장 먼저 탐색 알고리즘을 배운다. 탐색과 정렬 중에서 반드시 어느 한쪽을 먼저 이해하고 있어야 하는 것은 아니다. 또한, 어느 쪽이 쉽고, 어느 쪽이 어려운 것도 아니기 때문에 만약 정렬 알고리즘을 먼저 공부하고 싶은 사람은 제7장부터 먼저 읽어도 된다.

■ 검색 엔진은 탐색 알고리즘을 사용한다

텔레비전을 보거나 책을 읽을 때 이해가 되지 않거나 모르는 것이 있을 경우 여러분은 어떻게 해결하는가? 최근에는 대부분의 사람들이 구글(Google)이나 네이버(Naver)와 같은 사이트에서 조사하고 싶은 키워드를 입력하여 찾을 것이다.

● 구글을 이용하여 '알고리즘'이라고 검색한 결과 화면

구글이나 네이버와 같이 알고 싶은 정보를 찾기 위한 웹 서비스를 일반적으로 '검색 엔진'이라고 한다. 이 '검색'의 다른 명칭이 '탐색'이다. 검색 엔진에는 엔진이라는 이름이 붙어 있는데, 이를 엄밀하게 말하면 원하는 정보를 사람을 대신하여 찾아 주는 '데이터 탐색 프로그램'이다. 이 데이터 탐색 프로그램에서 사용하고 있는 알고리즘이 바로 '탐색 알고리즘'이다.

■ 탐색은 원하는 데이터를 찾아내는 것

정보 기술의 발달과 컴퓨터의 보급으로 인터넷뿐만 아니라 도처에 무수히 많은 데이터가 존재한다. 데이터가 많다는 것은 원하는 정보나 알고 싶은 정보가 포함되어 있을 가능성이 높다는 것을 의미하므로 그 자체로도 좋은 것이다. 하지만 데이터가 많아질수록 원하는 데이터를 찾기가 어려워진다. 따라서 주어진 데이터 중에서 필요한 데이터를 효율적으로 탐색할 수 있는지의 여부는 프로그램의 효율을 크게 좌우한다.

탐색 알고리즘은 단순하고 기본적인 것에서부터 검색 엔진에서 사용하는 복잡한 것에 이르기까지 다양한 것들이 있다. 이 장에서는 기본적인 탐색 알고리즘을 순서대로 설명한다.

3 선형 탐색법 개념 이해하기

POINT!

- 선형 탐색법은 맨 앞부터 순서대로 조사하여 찾는 탐색 알고리즘이다.
- 알고리즘이 단순하여 이해하기 쉽다.
- 탐색 효율은 그다지 좋지 못하다.

이 장에서는 기본적인 탐색 알고리즘인 선형 탐색법(리니어 서치)을 배운다. 가장 먼저 그림을 통해 알고리즘의 개념을 이해해 보자.

■ 선형 탐색법으로 공을 찾아보자

5개의 칸으로 나누어진 상자가 있다. 상자의 각 칸에는 0부터 4까지의 번호가 매겨 있고, 숫자가 쓰인 공이 하나씩 들어 있다. 공의 숫자가 무엇인지는 상자 안에서 꺼내 보지 않으면 알 수 없다.

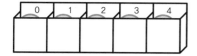

숫자가 쓰인 공이
들어 있는 상자

선형 탐색법을 이용해 이 상자의 어느 칸에 5라고 쓰인 공이 들어 있는지 찾아보자.

선형 탐색법은 매우 간단하다. 왼쪽에서부터 순서대로 하나씩 확인해 나가면 된다. 이는 아무 생각도, 요령도 없는 단순한 탐색법이다. 바로 이러한 탐색법이 '선형 탐색법'이라는 알고리즘이다.

선형 탐색법은 다른 말로 '리니어 서치(linear search)'라고도 하는데, 여기서 리니어(linear)는 리니어 모터카의 '리니어'와 같이 '일직선'이라는 의미를 지니고 있다. 즉, 탐색이 한쪽 끝에서 다른 한쪽 끝으로 나아가는 방식이다.

선형 탐색법의 절차

왼쪽 칸에서부터 오른쪽 칸으로 순서대로 찾아가는 방식이다. 우선 0번 칸의 공을 꺼내 보자. 4다. 다음은 1번 칸의 공을 꺼내 보자. 2다. 2번 칸의 공은 어떤가? 살펴보니 3이다. 아직 찾지 못했다. 그런 다음, 3번 칸을 보니 5다. 찾으려는 공이 여기에 있다. 무사히 찾았으므로 여기서 공 찾기는 종료다.

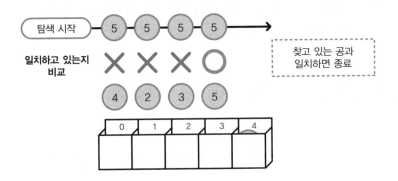

어떤가? 너무나 당연해서 맥이 빠졌을지도 모르지만, 이것이 선형 탐색법의 절차다.

선형 탐색법은 단순한 탐색 알고리즘으로, 맨 앞 칸의 공부터 순서대로 하나씩 값을 확인하여 찾고 있는 공과 일치하는지의 여부를 판정한다.

찾는 공이 앞쪽에 있으면 짧은 시간에 탐색할 수 있지만, 뒤쪽에 있거나 공이 없거나 공의 수가 많으면 탐색하는 데 많은 시간이 걸린다. 단순하고 이해하기 쉬운 알고리즘이지만, 효율은 그다지 좋지 않다.

4 선형 탐색법 알고리즘

개념을 파악했으므로 이번에는 선형 탐색법의 알고리즘을 순서도로 표현해 보자.

■ 배열과 요소의 설정

앞에서 설명한 상자는 배열에 해당한다. 배열은 '정수형 배열', 배열명은 'array'로 정하자. 여기서 상자의 각 칸은 '요소', 칸의 번호는 '첨자'를 나타낸다. 칸에 들어 있는 공은 데이터다. 요소는 5개이므로 요소의 첨자는 0에서 4까지다.

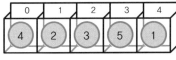

이 배열의 몇 번째 요소에 5라는 정수형 데이터가 들어 있는지를 찾는다.

그리고 공이 발견되면 데이터가 들어 있는 요소의 첨자를 출력한다. 이와 반대로 만약 어디에도 해당 데이터가 들어 있지 않다면 찾지 못했다는 결과를 출력한다. 이것이 이번에 다루는 선형 탐색법 알고리즘의 목적이다.

■ 탐색 처리의 흐름

탐색 처리를 하나씩 살펴보자. 먼저 간단히 복습해 보자.

각 요소에 들어 있는 데이터는 배열명과 첨자를 사용하여 나타낼 수 있다. 예를 들어, 0번째 요소는 array[0]으로 나타낼 수 있다. array[0]은 이번 배열에서는 숫자 4를 나타낸다. 다음 표는 array[0]에서 array[4]까지의 데이터를 보기 쉽게 나타낸 것이다.

배열의 요소	값
array[0]	4
array[1]	2
array[2]	3
array[3]	5
array[4]	1

앞으로 array[1]과 array[2]라는 표기가 자주 나올텐데, 그러한 요소가 특정 시점에 어떤 숫자 데이터를 나타내고 있는지 의식하면서 살펴보기 바란다. 우선 찾고 있는 데이터 5와 맨 앞의 요소에 들어 있는 데이터가 같은지를 비교한다. 비교하는 처리를 조건식으로 쓰면 'array[0] = 5'가 된다. 만약 같다면 첨자를 출력한 후 탐색을 종료하고, 같지 않다면 다음 요소로 이동한다.

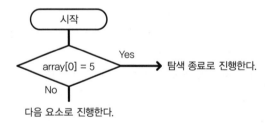

이번 경우에는 같지 않으므로 다음 요소와의 비교 처리로 진행한다. 차례대로 array[1] 과의 비교, array[2]와의 비교, array[3]과의 비교 처리를 실행하고 있다.

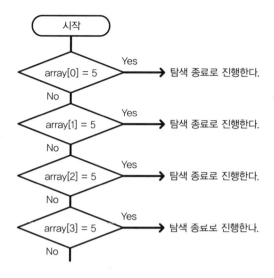

이를 자세히 살펴보면 array[0]부터 순서대로 각 요소를 5와 비교하는 유사한 처리가 계속 반복되고 있다. 이 경우에는 주저하지 말고 반복 구조를 이용해 보자. 반복할 때마다 1개씩 추가되는 첨자를 변수 i로 치환해 본다. i의 초깃값은 0이다. 비교 처리 결과가 No인 경우에는 i에 1을 더해 반복한다.

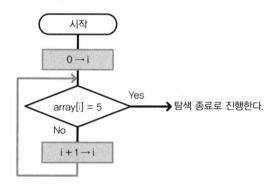

이번처럼 찾고 있는 데이터가 배열 안에 있으면 반복 처리를 벗어날 수 있기 때문에 처리가 무사히 종료된다. 하지만 만약 배열의 요소 안에 찾고 있는 데이터와 일치하는 데이터가 없다면 어떻게 될까? 답은 이미 알고 있으리라 생각한다. i가 계속 증가해 무한 루프를 하게 된다.

■ 반복 처리에는 반드시 종료 조건을 넣을 것

동일한 데이터가 없는 경우에 탐색을 종료하려면 '배열의 마지막 요소까지 찾아봤지만, 원하는 데이터를 찾을 수 없는 경우'에 반복을 중지시키는 종료 조건을 추가해야 한다.

● 어디에 종료 조건을 추가해야 할까?

i의 값이 점점 증가하여 배열의 마지막 요소까지 찾아봤지만, 원하는 데이터를 찾을 수 없는 경우에는 다음 반복 처리를 하는 것이 아니라 '찾지 못했습니다.'라고 출력한 후 종료하고 싶을 것이다. 그렇다면 추가할 위치는 i가 더해진 후 다음 반복 처리가 시작될 때까지의 사이가 된다.

● 어떤 종료 조건으로 할까?

이번에는 요소의 수가 5개, 첨자는 0에서 4까지이기 때문에 첨자를 나타내는 변수 i의 값은 반드시 5보다 작다. 따라서 반복 처리에 들어가기 전에 'i가 5보다 작은지?'를 판단하는 조건식을 추가해야 한다.

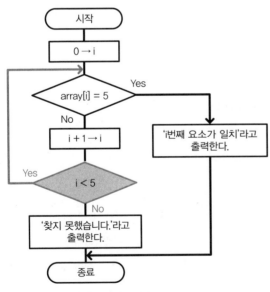

● 선형 탐색법의 알고리즘(순서도)

같은 데이터가 발견되면 'i번째 요소가 일치'라고 출력한 후 종료한다. 찾지 못했을 경우, 즉 i가 5가 되었을 때는 반복 처리가 실행되지 않고 '찾지 못했습니다.'라고 출력한 후 종료한다.

■ 알고리즘을 의사 언어로 작성하기

이번에 만든 선형 탐색법의 알고리즘을 의사 언어로 작성해 보자. 먼저 정수형 배열 array[5]와 정수형 변수 i를 선언한다. 그런 다음, i에 초깃값 0을 대입하여 초기화한다.

```
○ 정수형: array[5] = {4, 2, 3, 5, 1}
○ 정수형: i
• i ← 0
```

● 선택 구조의 부분 작성하기

다음은 array[i]가 5와 동등한지 확인하는 판단 처리다. 선택 구조의 처음을 나타내는 '▲'의 오른편에 'array[i] = 5'라는 조건식을 쓴다. 이 조건식이 'Yes'이면 'i번째의 요소가 일치'라고 출력한 후 알고리즘을 종료한다. No인 경우에는 i에 1을 더한다. Yes의 경우와 No의 경우의 처리 사이에는 가로선을 긋는다.

```
▲ array[i] = 5
  • 'i번째의 요소가 일치'라고 출력한 후 종료

  • i ← i + 1
```

● 반복 구조의 부분 작성하기

앞의 조건식이 No이면 다음 요소와의 비교 처리를 반복하고 싶겠지만, 무한 루프가 되지 않도록 더해진 i 값이 5보다 작은지를 판단하는 처리를 추가해야 한다. 바로 'i < 5'다.

이번에는 반복 구조의 끝부분에 반복 처리를 계속할 것인지의 여부를 판단해 보자. 이 조건식이 Yes라면 반복 처리를 실행하고, No라면 '찾지 못했습니다.'라고 출력한 후 종료한다.

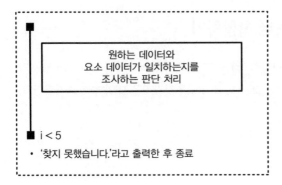

이제까지의 부분을 모두 모아 설명하면 다음과 같다. 선형 탐색법 알고리즘은 이것으로 완성되었다.

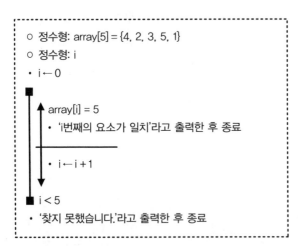

● 선형 탐색법의 알고리즘(의사 언어)

첫 번째 탐색 알고리즘인 선형 탐색법은 그다지 복잡한 처리나 절차가 없었으므로 비교적 이해하기가 쉬웠으리라 생각한다.

선형 탐색법은 맨 앞부터 순서대로 하나씩 탐색해 나가는 매우 단순한 알고리즘이다. 기본 중의 기본이고, 이해하기 쉬운 알고리즘이긴 하지만, 데이터 수가 많아지면 찾아내는 시간이 많이 소요되어 효율이 나빠진다. 다음 장에서는 선형 탐색법보다 효율이 좋은 탐색 알고리즘을 배운다.

이진 탐색법
(바이너리 서치)

lgorithm

1 이진 탐색법 개념 이해하기

> **POINT!**
> - 이진 탐색법은 데이터를 찾는 탐색 알고리즘 중 하나다.
> - 이진 탐색법의 대상은 미리 오름차순이나 내림차순으로 정렬되어 있는 데이터다.
> - 탐색하는 범위를 절반씩 추려 나가면서 탐색한다.

이번에는 두 번째 탐색 알고리즘인 이진 탐색법(바이너리 서치)을 배운다. 이진 탐색법은 탐색의 대상인 데이터가 미리 오름차순(작은 순서대로)이나 내림차순(큰 순서대로)으로 정렬되어 있는 경우에 사용할 수 있는 탐색 알고리즘이다. 우선 그림을 보고 알고리즘 이미지를 살펴보자.

■ 공을 이진 탐색법으로 찾아보자

7개의 칸으로 나누어진 상자가 있다. 상자의 각 칸에는 0부터 6까지의 번호가 매겨 있고, 숫자가 쓰인 공이 하나씩 들어 있다. 공의 숫자가 무엇인지는 상자 안에서 꺼내 보지 않으면 알 수 없다. 단, 공은 숫자가 작은 순서(오름차순)대로 나열되어 있다.

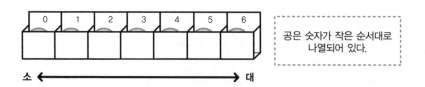

공은 숫자가 작은 순서대로
나열되어 있다.

이 상자의 어떤 칸에 '17'이라 쓰인 공이 들어 있는지 이진 탐색법으로 찾아보자. 이진 탐색법은 이름에 '이진'이라는 말이 있듯이, 탐색하는 범위를 둘로 나누어 절반씩 좁혀 나가면서 탐색을 진행하는 알고리즘이다.

① 가운데에 있는 공의 숫자를 살펴본다

가장 먼저 탐색 대상인 7개의 공 중에서 가운데 있는 공의 숫자를 살펴보자. 가운데 공은 네 번째 칸에 들어 있는 공이다. 자세히 살펴보니 19였다.

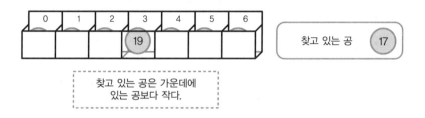

찾고 있는 공은 가운데에
있는 공보다 작다.

찾고 있는 17인 공은 가운데에 있는 19인 공보다 작다. 이 말은 만약 17인 공이 있다면 가운데보다 앞쪽에 존재하고 있다는 뜻이 된다. 즉, 뒤의 절반은 더 이상 살펴보지 않아도 된다는 의미다. 다음은 탐색 범위를 앞의 절반으로 좁혀 찾아보자.

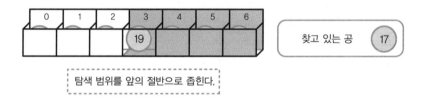

탐색 범위를 앞의 절반으로 좁힌다.

② 2차 시도, 다시 한 번 가운데 공의 숫자를 살펴본다.

이번에는 앞의 절반인 3개의 공을 대상으로 앞과 같은 절차를 반복한다. 가운데인 1번 칸에 있는 공의 숫자를 살펴보니 13이었다.

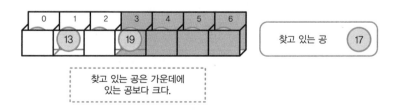

찾고 있는 공은 가운데에
있는 공보다 크다.

찾고 있는 공인 17은 가운데에 있는 공인 13보다 크다. 따라서 17은 그보다 앞의 범위에는 존재하지 않는다. 이번에는 탐색 범위를 뒤쪽 절반으로 좁혀 찾아보자.

탐색 범위를 전반부의 뒤쪽 절반으로 좁힌다.

③ 3차 시도, 다시 한 번 가운데 공의 숫자를 살펴본다

13의 뒤를 보면 남아 있는 것이 2번 칸의 공 1개밖에 없다. 더 이상 찾지 못한다고 하더라도 이것이 마지막 탐색이 된다. 의미심장한 마음으로 살펴보니 17이었다. 찾고 있는 공은 여기에 있었다. 탐색은 여기서 끝이다.

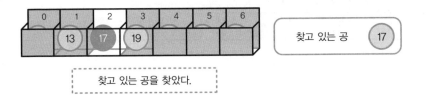

찾고 있는 공을 찾았다.

이진 탐색법의 개념을 파악했는가? 이 탐색법은 가운데 공과 비교하여 일치하지 않으면 앞이나 뒤에 있다는 방식으로 탐색 범위를 절반으로 좁혀 나가는 것이다.

2   이진 탐색법의 알고리즘

그림을 통해 이진 탐색법의 개념을 파악했으므로 이번에는 이진 탐색법의 알고리즘을 순서도로 표현해 보자.

■ 배열의 설정

가장 먼저 탐색의 대상이 되는 데이터를 보관하는 배열을 준비한다. 배열명은 'array'이고, 요소는 '7개'다. 첨자는 0에서 6까지다. 이 배열에는 다음과 같은 데이터가 초깃값으로 들어 있고, 데이터는 오름차순으로 정렬되어 있다. 이진 탐색법을 사용하여 이 7개의 데이터 중 원하는 데이터를 찾는 알고리즘을 생각해 보자.

변수의 경우, 지금 시점에서는 어떤 변수가 필요한지 모르기 때문에 필요할 때마다 순차적으로 준비하자.

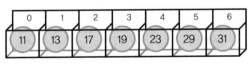

첨자

배열(array)

0	1	2	3	4	5	6
11	13	17	19	23	29	31

데이터는 오름차순으로
정렬되어 있다.

■ 이진 탐색법의 알고리즘 구성

이진 탐색법은 크게 다음과 같은 처리로 구성되어 있다.

① 가운데 요소를 선택하는 처리

② 가운데 데이터와 원하는 데이터를 비교하는 처리

③ 탐색 범위를 절반으로 좁히는 처리

각각의 처리를 순서대로 살펴보자.

■ ① 가운데 요소를 선택하는 처리

가장 먼저 가운데 요소를 선택한다. 이때 가운데라는 것은 어떻게 알 수 있을까? 이번과 같이 수가 적다면 쉽게 알 수 있지만, 그냥 봐서 알 수 있다면 알고리즘이라고 할 수 없으므로 계산을 통해 가운데라는 것을 밝혀내는 방법을 생각해 보자.

● 두 숫자의 가운데는 바로 평균

예를 들어, 0부터 10까지의 숫자에서 가운데 숫자를 계산으로 알아내려면 어떻게 하는 것이 좋을까? 가운데라는 것은 이른바 정확히 절반을 의미하므로 모두 더한 후 둘로 나누면 될 것 같다. 0과 10을 더하여 2로 나누면 해답은 5다. 따라서 가운데는 5가 된다.

그렇다면 1부터 11의 가운데는 무엇일까? 이것도 1과 11을 더하여 2로 나눈다 (1 + 11 = 12). 이 12를 2로 나누면 6이다. 따라서 6이 가운데가 된다. 이는 평균 계산 방법과 같다.

두 숫자의 가운데, 즉 평균은 두 숫자를 더하여 2로 나누어 계산할 수 있다. 가운데 요소를 선택하는 데도 이 방법을 사용해 보자.

● 가운데를 계산하기 위해 필요한 변수는 3개

배열에서 '가운데' 요소가 어디인지는 첨자를 사용하면 알 수 있다.

배열의 맨 앞 요소의 첨자는 0이고, 맨 끝 요소의 첨자는 6이다. 0과 6을 더해 2로 나누면 3이므로 가운데 요소를 쉽게 알 수 있다. 이 가운데 요소를 선택하는 처리는 이후에도 반복적으로 실시할 것이기 때문에 변수를 사용한 처리로 하고 싶을 것이다. 맨 앞과 맨 끝의 2개 첨자를 대입하기 위해 전용 변수를 각각 준비하자.

맨 앞 요소의 첨자를 보관하는 정수형 변수 head와 맨 끝의 첨자를 보관하는 정수형 변수 tail을 준비한다. head는 영어로 맨 앞, tail은 맨 끝을 의미하는 단어다. 그리고 (head + tail) / 2를 계산하면 가운데 요소의 첨자를 알 수 있다.

이 계산 결과의 값을 대입하는 변수도 필요하다. 그것을 위한 변수로 정수형 변수 center를 준비한다. 다음 예에서 확인해 보자. head에는 0을 대입하고, tail에는 6을 대입한다. (head + tail) / 2 = 3으로, 첨자가 3인 요소는 분명히 가운데다.

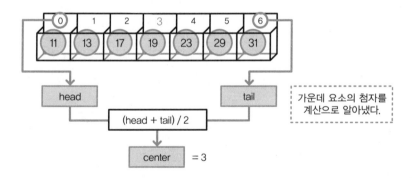

● 요소의 수가 짝수일 때는 어떻게 해야 할까?

요소의 수가 7개나 5개인 홀수라면 정확히 가운데 요소라는 것이 있다. 하지만 요소의 수가 짝수인 경우에는 어떻게 하는 것이 좋을까? 예를 들어, 요소의 수가 6개인 경우로 생각해 보면 가운데에 해당하는 요소의 후보가 2개라는 것을 알 수 있다.

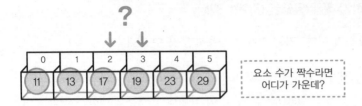

요소 수가 짝수라면
어디가 가운데?

이 경우, 어느 쪽부터 탐색해야 한다는 것은 정해져 있지 않다. 그저 어느 한쪽만 결정하면 된다. 예를 들어, array[0]부터 array[5]인 경우, 앞의 계산식에 적용시켜 보면 (0 + 5) / 2 = 2.5가 된다. 그런데 첨자 2.5라는 요소는 없다.

소수를 정수화하는 방법으로 소수점 이하를 ① 반올림하기, ② 올리기, ③ 버리기의 세 가지 패턴을 생각해 볼 수 있다. 여기서는 ③ 버리기로 처리해 보자.

이 버리기 처리는 변수 center를 정수형 변수로 선언해 둠으로써 자동으로 처리할 수 있다. 정수형 변수는 정수만 저장할 수 있기 때문에 실수 2.5를 정수형 변수인 center에 할당하려면 소수점 이하는 자동으로 잘려 나가 정수 부분의 2만 할당되기 때문이다.

결과적으로 array[0]부터 array[5]까지의 가운데 요소는 array[2]가 된다.

이것으로 요소의 수가 홀수이든 짝수이든 맨 앞 요소의 첨자와 맨 끝 요소의 첨자를 더하여 2로 나누는 처리를 통해 가운데 요소을 찾아낼 수 있다는 것을 알 수 있다. 여기까지의 처리를 순서도로 정리하면 다음과 같다.

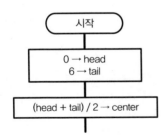

■ ② 가운데 요소와 원하는 데이터 비교하기

가운데 요소가 정해지면 요소에 들어가 있는 데이터와 원하는 데이터가 일치하는지 확인한다. 가운데 위치를 나타내는 첨자는 방금 전에 계산하여 center에 대입되어 있다. 이 첨자를 사용하면 가운데 요소에 있는 데이터는 항상 array[center]로 나타낼 수 있다.

array[center]가 17와 같은지를 확인하는 조건식은 array[center] = 17이다. 이것이 Yes라면 가운데 데이터와 원하는 데이터가 일치한다는 것을 의미하고, No라면 일치하지 않는다는 것을 의미한다.

● 가운데 데이터와 원하는 데이터가 일치하는 경우

Yes인 경우, 즉 가운데 데이터가 원하는 데이터와 일치하는 경우에는 데이터가 발견된 것이기 때문에 탐색이 종료된다. 'center번째 요소가 일치'라고 출력한 후에 탐색을 종료한다.

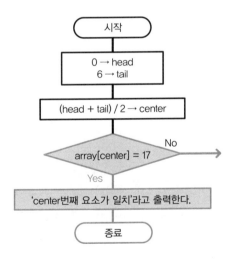

● 가운데 데이터와 원하는 데이터가 일치하지 않은 경우

No의 경우, 즉 가운데 데이터와 원하는 데이터가 일치하지 않는 경우에는 원하는 데이터가 가운데 데이터보다 크든 작든 둘 중 하나다. 그 어떤 경우라도 다음의 탐색 범위를 절반으로 좁히는 처리로 이동한다.

■ ③ 탐색 범위를 절반으로 좁히기

앞의 비교 결과를 바탕으로 탐색 범위를 절반으로 좁히는 처리를 고려해 보자. 가운데 데이터보다 작은 경우에는 앞부분의 절반으로 좁히고, 큰 경우에는 뒷부분의 절반으로 좁힌다.

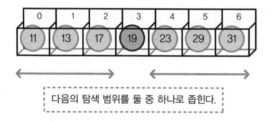

둘 중 하나로 좁히기 위해 array[center]와 원하는 데이터인 17을 다시 한 번 비교한다. 이번에는 대소 관계를 알기 위해 조건식을 array[center] < 17(array[center]는 17보다 작은가?)로 한다.

● 원하는 데이터가 가운데 데이터보다 큰 경우

array[center] < 17이 Yes인 경우, 즉 원하는 데이터가 가운데 데이터보다 큰 경우에는 다음 검색 범위를 뒷부분의 절반으로 좁힌다. 따라서 탐색 범위의 맨 앞 요소는 array[center]보다 하나 큰 첨자를 갖는 요소가 된다. 마지막 요소는 변경되지 않는다.

변수 head에 center + 1을 대입하여 다시 가운데 데이터를 산출하는 절차를 반복한다.

	처음	다음
head의 값	0	center+1
tail의 값	6	6(변하지 않는다)

● 원하는 데이터가 가운데 데이터보다 작은 경우

이와 반대로 array[center] < 17이 No라면, 즉 원하는 데이터가 가운데 데이터보다 작다면 다음의 검색 범위를 앞부분의 절반으로 좁힌다. 따라서 탐색 범위의 끝 요소는 array[center]보다 하나 작은 첨자를 갖는 요소가 된다. 이때 맨 앞 요소는 변경되지 않는다. 변수 tail에 center - 1을 대입하여 다시 가운데 데이터를 산출하는 절차를 반복한다.

	처음	다음
head의 값	0	0(변하지 않는다)
tail의 값	6	center-1

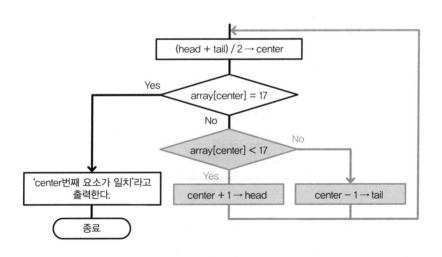

■ 만약 원하는 데이터가 존재하지 않는다면?

이번 배열에서는 세 번 반복하여 원하는 데이터를 찾을 수 있었다. 하지만 원하는 데이터가 검색 대상이 되는 배열 안에 존재하지 않는 경우의 처리도 생각해 두어야 한다. 그렇지 않으면 무한 루프가 될 가능성이 있기 때문이다.

예를 들어, 이번 검색 데이터가 배열에 존재하지 않는 18이었다고 가정해 보자. 이 경우 head와 tail 값이 어떻게 변하는 살펴보자.

● 첫 번째 반복 처리

head의 초깃값은 0, tail의 기본값은 6이다. 이때의 center는 3, array[3]의 값은 19다. 원하는 데이터인 18과는 일치하지 않는다. 18은 array[center]인 19보다 작기 때문에 head는 그대로이고, tail에 center − 1인 2를 대입한다.

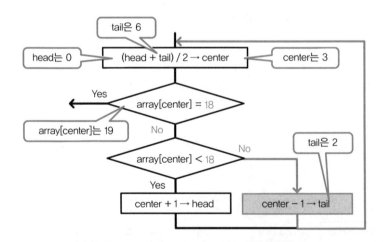

● 두 번째 반복 처리

head의 값은 0, tail의 값은 2다. 이때의 center는 1, array[1]의 값은 13이다. 또 다시 원하는 데이터인 18과 일치하지 않는다. 18은 array[center]인 13보다 크기 때문에 tail은 그대로, head에는 center + 1인 2를 대입한다.

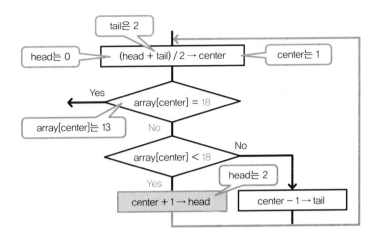

● 세 번째 반복 처리

head의 값은 2이고, tail의 값은 2다. 이때의 center는 2로, array[2]의 값은 17이다. 이번에도 원하는 데이터인 18과 일치하지 않는다. 18은 array[center]인 17보다 크기 때문에 tail은 그대로, head에는 center + 1인 3을 대입한다.

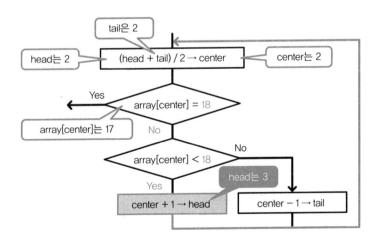

그런데 한 가지 곤란한 일이 발생했다. 네 번째 반복에 들어가기 전에 첫 번째 요소의 첨자를 나타내는 변수 head는 3이 되고, 끝 첨자를 나타내는 변수 tail은 2가 된 것이다. 이러한 탐색 범위는 있을 수 없다.

횟수	변수head	변수tail
1	0	6
2	0	2
3	2	2
4	3	2

원하는 데이터가 18이 아니라 16인 경우도 이와 마찬가지다. head가 2이고, tail이 1이 되어 이 경우에도 있을 수 없는 탐색 범위를 나타낸다.

어찌되었든 탐색 범위를 나타내는 head가 tail과 같은 값은 될 수 있지만, head가 tail보다 커지는 배열은 있을 수 없다. 따라서 head가 tail보다 커졌을 때는 원하는 데이터를 탐색 데이터 안에서 찾을 수 없다고 말할 수 있다.

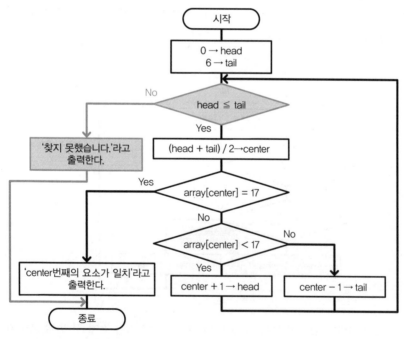

● 이진 탐색법의 알고리즘(순서도)

가운데 데이터를 알아내는 반복 처리에 들어가기 전에 'head는 tail 이하인가?'라는 조건식을 작성하고, 이를 탐색의 종료 조건으로 지정해 보자. Yes라면 탐색 프로세스를 수행하고, No라면 '찾지 못했습니다.'라고 출력한 후에 탐색을 종료한다.

■ 알고리즘을 의사 언어로 작성하기

이진 탐색법의 알고리즘을 알았으므로 의사 언어로도 작성해 보자. 순서도를 제대로 이해할 수 있다면 의사 언어로 바꾸는 데 있어 특별히 어려운 점은 없다. 조건식이 array[center] < 17의 선택 구조에서 Yes인 경우의 처리와 No인 경우의 처리를 틀리지 않도록 조심한다.

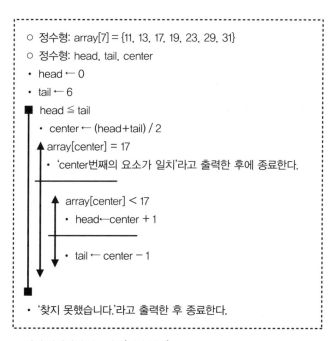

- 이진 탐색법의 알고리즘(의사 언어)

두 번째 검색 알고리즘인 이진 탐색법의 알고리즘은 어떠하였나? 탐색 범위를 절반으로 좁혀 나가는 절차가 그야말로 알고리즘이라 불릴 만하지 않은가? 이는 다른 알고리즘에서도 자주 사용된다. 잘 모르는 부분이 있다면 복습하여 제대로 이해해 두자.

제4장에서 배운 선형 탐색법과 비교했을 때 평균적으로는 이진 탐색법이 탐색 속도가 더 빠르다. 예를 들어, 데이터가 많고 원하는 데이터가 배열의 끝 부분에 저장되어 있는 경우에는 선형 탐색법보다 이진 탐색법이 훨씬 탐색 속도가 빠르다.

그러나 데이터가 적은 경우나 원하는 데이터가 맨 앞의 가까운 위치에 저장되어 있는 경우는 선형 탐색법이 더 빠를 수 있다.

평균적으로 이진 탐색법이 빠르다고 해서 항상 이진 탐색법을 사용하는 것이 좋다는 뜻은 아니다. 데이터의 양과 저장 상황, 정렬 상황에 따라 적절한 알고리즘을 선택해야 한다.

해시 탐색법

Algorithm

1 해시 탐색법 개념 이해하기

POINT!

- 해시 탐색법은 데이터를 찾는 탐색 알고리즘 중 하나다.
- 탐색하기 쉽게 미리 함수를 사용하여 데이터를 보관해 둔다.
- 보관하는 데 사용한 함수를 사용하여 한 번에 데이터를 탐색한다.

이번 장에서는 기본적인 탐색 알고리즘인 해시 탐색법을 배운다.

■ 해시 탐색법의 특징

지금까지 배운 선형 탐색법이나 이진 탐색법의 전체 조건은 어떤 데이터가 어떤 요소에 들어 있는지 전혀 모르는 상태에서 검색을 시작한다는 것이었다. 그러나 해시 탐색법은 데이터의 '내용'과 저장한 곳의 '요소'를 미리 연계해 둠으로써 극히 짧은 시간 안에 탐색할 수 있도록 고안된 알고리즘이다.

해시 탐색법은 '데이터를 데이터와 같은 첨자의 요소에 넣어 두면 한 번에 찾을 수 있지 않을까?'라는 아이디어에서 출발한다. 예를 들어, 24인 데이터는 첨자 24의 요소에 넣어 두고, 36인 데이터는 첨자 36의 요소에 넣어 두는 식이다.

확실히 쉽게 찾을 수는 있지만, 이런 방식이라면 지금 말한 단지 2개의 데이터를 보관하는 데에 최소한 37개의 요소를 가진 배열을 준비하지 않으면 안 된다. 이렇게 되면 낭비가 심해진다.

좀 더 효율적으로 배열을 사용하기 위해 데이터에 일정한 계산을 실시하여, 그 계산 결괏값과 같은 첨자를 가진 요소에 보관하는 방법을 생각해 볼 수도 있다.

앞서 설명한 예제의 경우, '데이터 ÷ 12의 첨자를 갖는 요소에 저장하는' 식으로 정해 두면 24는 첨자가 2인 요소에 들어가고, 36은 첨자가 3인 요소에 들어가 배열 요소가 단지 4개면 된다. 보관할 때와 같은 계산식을 이용하여 36인 데이터를 찾고 싶을 때는 '36 ÷ 12 = 3'으로 첨자가 3인 요소에 들어 있다는 것을 한 번에 알 수 있다.

반드시 어떤 계산을 이용해야 한다는 법은 없다. 가능한 한 요소 수가 적게 끝나는 계산식이 더 좋으므로 여기서 능력 있는 프로그래머의 실력이 드러나게 된다. 우선 그림으로 알고리즘의 개념을 잡아 보자.

■ 미리 탐색하기 쉽도록 공을 보관한다

해시 탐색법에서는 지금까지 배운 탐색법과 달리, 나중에 데이터를 탐색하기 쉽도록 데이터를 보관하는 단계에서 사전 준비를 해 두는 것이 특징이다.

여기에 숫자가 적힌 4개의 공과 7개의 칸이 구분된 상자가 있다. 각 칸에는 0부터 6까지의 번호가 적혀 있다.

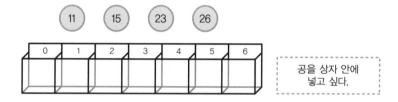

공을 상자 안에
넣고 싶다.

이 4개의 공을 상자에 넣으려고 한다. 단, 나중에 공이 어디에 들어 있는지 검색할 때 공의 숫자로부터 어떤 칸에 들어 있는지를 한 번에 알 수 있게 하고 싶다. 따라서 공을 상자의 어떤 칸에 넣을 것인지를 결정할 때 공의 숫자와 칸의 번호에 주목하고자 한다.

가장 알기 쉬운 방법은 공을 공의 숫자와 같은 숫자의 칸에 넣어 두는 것이다. 하지만 칸은 0부터 6까지밖에 없기 때문에 성립할 수 없다. 11, 15, 23, 26이라는 서로 다른 4개의 숫자를 0부터 6까지의 사이에 잘 배분하기 위해 여기서는 나눗셈을 사용한다.

칸은 7개가 있다. 어떤 숫자라 하더라도 7로 나누면 나머지가 0에서 6 사이에 하나가 될 것이다. 공의 숫자를 7로 나누어 그 나머지를 계산해 보자.

나머지를 계산하는 산술 연산자는 %다.

11 % 7 = 4

15 % 7 = 1

23 % 7 = 2

26 % 7 = 5

제대로 흩어진 상태가 되었다. 각각의 공을 나머지값과 같은 번호의 칸에 넣어 두기로
한다.

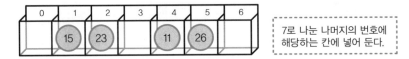

7로 나눈 나머지의 번호에
해당하는 칸에 넣어 둔다.

앞에서 공을 넣은 칸의 번호를 계산한 식은 다음과 같다.

이와 같이 어떤 값에 해당하는 다른 값이 산출되는 계산식을 '함수'라고 한다. 그중에
서도 어떤 값이 주어진 경우, 그 값을 대표하는 숫자를 계산하는 함수를 '해시 함수'라
고 한다. 또한, 해시 함수의 계산으로 산출된 값을 '해시값'이라고 한다. 이번 예제의
해시값은 '공을 넣을 칸의 번호'다.

해시(hash)라는 단어는 '잘게 썬다.', '잘게 자른다.'라는 의미로, 해시드 포테이토, 해시
드 비프 등 우리 일상생활에서도 많이 찾아볼 수 있다. '원래의 숫자를 모양이 변할 정
도로 요리하여 전혀 다른 값을 생성한다.'라는 의미로 파악해 두는 것이 좋다.

해시 탐색법으로 공을 찾기

방금 넣어 둔 공을 해시 탐색법을 사용해 찾아보자. 이번에는 11이라는 숫자가 적힌 공이 어디에 있는지를 찾아본다. 공의 위치를 찾으려면 방금 전에 공을 넣어 둔 장소를 결정할 때 사용한 해시 함수를 다시 사용해야 한다.

해시 함수로 해시값을 구하는 계산식은 '공의 숫자 % 7'이었다. 이 함수에 11을 넣어 계산하면 해시값은 4다. 해시값은 공이 들어 있는 칸의 번호를 나타내므로 4번 칸을 보면,

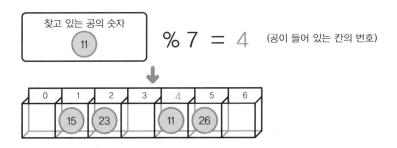

11인 공이 들어 있다. 따라서 해시 탐색법을 사용하면 단 한 번의 계산으로 찾고자 하는 공을 찾을 수 있다.

해시 탐색법의 개념을 이해할 수 있었는가? 이 탐색법은 미리 해시 함수를 사용하여 데이터를 저장하는 장소를 정해 두어 검색 시간을 놀라울 정도로 단축시킬 수 있다는 장점이 있다.

2 해시 함수로 데이터를 보관하는 알고리즘

POINT!

- 해시 함수는 데이터의 저장소의 첨자를 계산하는 데 사용한다.
- 저장소의 첨자가 겹치는 것을 '충돌'이라고 한다.
- 충돌이 발생하면 옆의 빈 요소에 데이터를 보관한다.

앞에서는 그림을 이용하여 해시 탐색법의 개념을 이해했으므로 이번에는 해시 탐색법의 알고리즘을 생각해 보자. 먼저 해시 함수로 데이터를 보관하는 알고리즘을 순서도로 표현해 보자.

해시 탐색법의 알고리즘 구성

방금 전의 공과 상자의 예에서 살펴본 바와 같이 해시 탐색법은 탐색 전에 해시 함수를 이용하여 데이터를 적절한 위치에 저장해 두어야 한다.

① 해시 함수로 데이터를 저장하는 알고리즘
② 해시 함수로 데이터를 검색하는 알고리즘

해시 탐색법을 실현하려면 데이터의 저장 및 검색, 즉 2개의 알고리즘이 필요하다. 각 순서대로 살펴보겠지만, 여기에서는 먼저 해시 함수를 사용하여 데이터를 저장하는 알고리즘을 설명한다.

배열을 2개 준비한다

이번에 취급할 데이터가 저장되는 정수형 배열을 arrayD로 정한다. 요소는 7개, 첨자는 0에서 6까지다. 이 배열에는 다음과 같은 데이터가 초깃값으로 들어 있다. 단, 데이터가 정렬되어 있지는 않다.

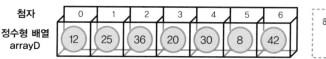

해시 함수를 사용한 7개의 데이터를 별도의 배열에 저장하고 있다. 이 정수형 배열을 arrayH로 정하고, 요소는 11개 준비한다. 지금까지 배운 2개의 검색 알고리즘에서는 배열의 요소를 데이터 수만큼 준비하면 충분했지만, 해시 탐색법은 이와 달리 저장하는 데이터의 1.5 ~ 2배를 준비해야 한다. 그 이유는 나중에 설명한다. 그리고 배열 arrayH의 모든 요소를 arrayD에는 절대 포함될 가능성이 없는 숫자로 초기화해야 한다. 이번에는 0으로 초기화한다.

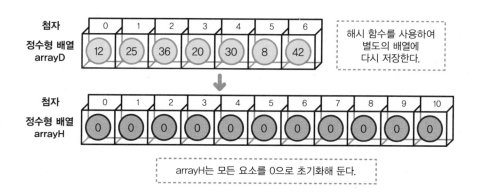

변수의 경우, 현재 시점에서는 어떤 변수가 필요한지 모르기 때문에 필요할 때마다 순차적으로 준비하면 된다.

■ arrayD[0]의 데이터를 arrayH에 저장하기

arrayD의 첫 번째 요소에 있는 데이터부터 순차적으로 해시값을 계산하여 arrayH로 저장한다. 이번에 사용하는 해시 함수는 arrayH의 요소 수가 11이므로 arrayD의 데이터를 11로 나눈 나머지를 계산하는 방식을 사용한다.

● 해시 함수

해시값(저장소인 arrayH의 첨자) = arrayD의 데이터 % 11

첫 번째 요소인 arrayD[0]은 12다. 12를 해시 함수에 입력하면 해시값은 1이 된다. 해시값은 정수형 변수 k를 준비하여 이에 대입해 두기로 한다. 이렇게 하면 k를 사용하여 저장소의 위치를 지정할 수 있다. 예를 들어, 이번에는 k = 1이므로 저장소의 arrayH[k]는 arrayH[1]이다.

arrayH[k]에 이미 다른 데이터가 할당되어 있는지 확인한 후 비어 있으면 이곳에 대입한다. 왜 확인할 필요가 있는지는 나중에 알게 되겠지만, 향후 저장한 요소가 점차 많아지면 해시값이 우연히 일치하는 경우가 발생하여 저장하고자 하는 위치에 이미 데이터가 저장되어 있을 가능성이 있기 때문이다.

즉, 이 처리는 arrayD[0] 이후의 요소를 저장하는 경우를 위한 것이다. 단, arrayD[0]의 경우에만 다른 방식으로 처리하는 것은 비효율적이므로 다른 요소와 마찬가지로 arrayD[0]도 확인해야 한다.

요소가 비어 있는지 확인하려면 arrayH[1]의 값이 0이 아닌지의 여부를 확인하면 된다. 'arrayH[k]가 0인가?'를 나타내는 조건식은 arrayH[k] = 0이다. Yes인 경우 arrayH[k], 즉 arrayH[1]에 arrayD[0]의 데이터인 12을 대입한다. No인 경우의 처리는 나중에 설명한다.

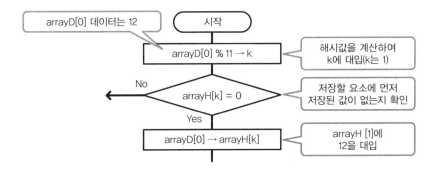

arrayD[0] 데이터는 12 → 해시값을 계산하여 k에 대입(k는 1)

시작

arrayD[0] % 11 → k

arrayH[k] = 0 → 저장할 요소에 먼저 저장된 값이 없는지 확인

No / Yes

arrayD[0] → arrayH[k] → arrayH [1]에 12을 대입

■ arrayD[1]의 데이터를 arrayH에 저장하기

arrayD[0] 이후의 데이터도 arrayD[0]을 저장한 것과 같은 절차를 사용하여 데이터를 순차적으로 arrayH에 저장한다. arrayD[1], arrayD[2], arrayD[3]과 같이 같은 처리를 반복하므로 반복 구조로 해 두자.

arrayD의 첨자는 정수형 변수 i를 사용하여 나타낸다. i의 초깃값은 0으로 하고, 반복하기 전에 하나씩 증가하는 처리를 넣어 둔다.

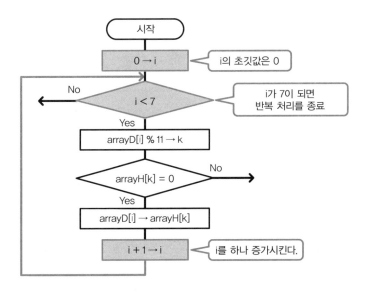

시작

0 → i ← i의 초깃값은 0

i < 7 ← i가 7이 되면 반복 처리를 종료

No / Yes

arrayD[i] % 11 → k

arrayH[k] = 0

No / Yes

arrayD[i] → arrayH[k]

i + 1 → i ← i를 하나 증가시킨다.

이번 기회에 종료 조건도 작성해 두자. i의 최댓값은 6이므로 7이 되었을 때 반복을 종료하도록 한다.

변수 i가 1일 때, arrayD[1]는 25이므로 해시값 k는 3이 된다. arrayH[3]을 확인해 보면 다른 데이터는 들어 있지 않다는 것을 알 수 있다. 따라서 arrayH[3]에 25를 대입하고 i를 하나 증가시킨 후에 다음 반복으로 이동한다.

■ arrayD[2]의 데이터를 arrayH에 저장하기

다음은 변수 i가 2인 경우를 살펴보자. arrayD[2]는 36이므로 해시값은 3이다. arrayH[3]을 확인하면 0이 아니라 이미 25가 들어 있다. 해시 탐색법에서는 이러한 해시값이 충돌하여 저장소의 같은 요소를 가르키는 경우가 있는데, 이를 충돌(동의어: synonym)이라고 한다.

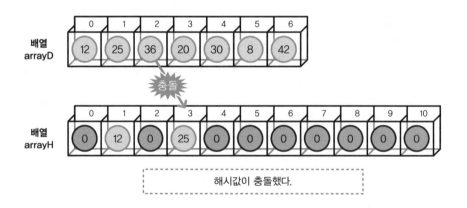

충돌한 경우, 즉 arrayH[k] = 0이 No인 경우의 처리를 생각해야 한다. 해결책은 간단하다. 바로 옆의 요소가 비어 있으면 거기에 넣으면 된다. arrayH[k] 옆의 요소는 arrayH[k + 1]이다. 따라서 arrayH[k] = 0이 No인 경우에는 k를 하나 증가시켜 arrayH[k + 1]이 0인지의 여부를 확인한다.

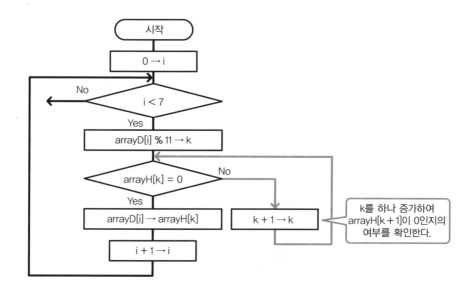

이번에는 arrayH[k](k = 3)이 충돌했으므로 k를 하나 증가시켜 다음에 있는 arrayH[4]을 확인해 본다. 그 결과 arrayH[4]은 비어 있다는 것을 알 수 있다. arrayD[2]의 데이터인 36은 arrayH[4]에 대입하기로 한다.

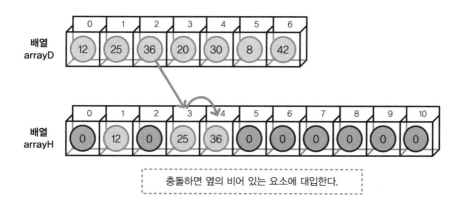

충돌하면 옆의 비어 있는 요소에 대입한다.

| 참고 | 충돌에 대하여 |

충돌이 너무 자주 일어나면 추가적인 처리가 많이 발생한다. 이로 인해 한 번에 데이터를 검색할 수 있는 해시 탐색법의 장점이 무색해진다. 충돌을 일어나지 않게 하려면 해시 함수를 잘 고안하여 가능한 한 흩어지도록 해야 한다.

이 밖에 배열의 요소를 많이 준비하는 해결책도 있을 수 있다. 요소 수가 많을수록 충돌 가능성은 낮지만, 메모리의 사용량이 늘어나기 때문에 알고리즘의 효율성이 떨어진다. 탐색 처리의 속도를 유지하는 것과 가능한 한 메모리를 적게 사용하는 요소 수는 일반적으로 저장 데이터 수의 1.5 ~ 2배라고 알려져 있다.

■ arrayD[3]의 데이터를 arrayH에 저장하기

이번에는 변수 i가 3인 경우를 살펴보자. arrayD[3]의 데이터는 20이고, 해시값은 9이다. arrayH[9]는 비어 있기 때문에 여기에 대입해야 한다.

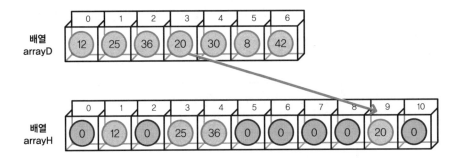

■ arrayD[4]의 데이터를 arrayH에 저장하기

그 다음인 arrayD[4]의 데이터는 30이다. 해시값은 8이고, arrayH[8]은 비어 있기 때문에 30을 arrayH[8]에 대입해야 한다.

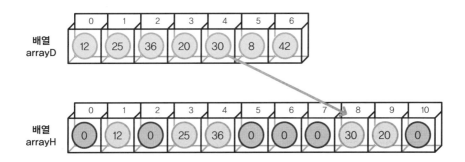

■ arrayD[5]의 데이터를 arrayH에 저장하기

arrayD[5]의 데이터와 해시값은 모두 8이다. 그러나 arrayH[8]도, 그 옆에 있는 arrayH[9]도 비어 있지 않다. 하지만 그 옆에 있는 array[10]은 비어 있으므로 데이터 8은 여기에 대입해야 한다.

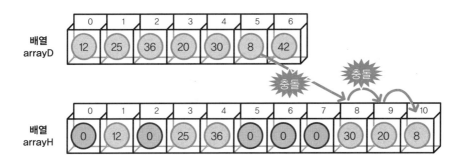

■ arrayD[6]의 데이터를 arrayH에 저장하기

array[6]의 데이터는 42, 해시값은 9다. arrayH[9]에 이미 데이터가 저장되어 있고, 그 옆에 있는 arrayH[10]도 비어 있지 않다. 게다가 arrayH의 첨자를 나타내는 k는 10이고, 그 이상의 값은 없다.

k가 10을 초과했을 때의 대응을 조건식으로 나누어 처리를 추가해도 되지만, 여기에서는 좀 더 간단한 방법을 사용해 보자. 그것은 바로 k를 하나 증가시키는 처리인

$k+1 \rightarrow k$의 $k+1$을 arrayH의 요소 수로 나누어 그 나머지를 k에 대입하는 것이다. 즉, $(k+1)$ % 11 $\rightarrow$ k로 하는 것이다.

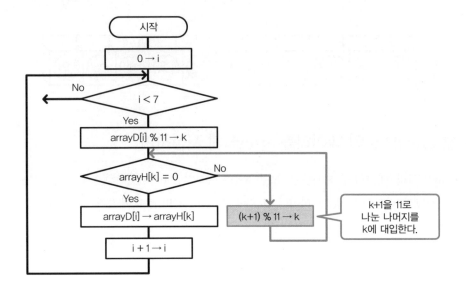

k 값이 0에서 10인 경우에는 11로 나눌 필요가 없지만, k 값이 10을 초과하는 경우의 처리를 별도로 준비하는 것은 비효율적이므로 두 경우 모두 11로 나누는 처리를 거친 값을 대입한다. k 값이 0에서 10인 경우에는 이 과정을 거친 후에도 원래 값과 같아지기 때문에 별 문제가 없다.

k가 10을 넘어 11이 되면 나머지가 0이 되어(11 % 11 = 0) 맨 앞 요소에 다시 할당할 수 있는 장소가 있는지 찾게 된다. 만약, arrayH[0]에 이미 들어 있다면 k는 12가 되어 12 % 11 = 1로 옆 칸인 arrayH[1]이 비어 있지 않는지를 확인하는 처리를 실행한다. 언젠가는 비어 있는 요소가 발견될 것이다. 이번에는 arrayH[0]이 비어 있으므로 arrayD[6]의 데이터인 42는 여기에 대입한다.

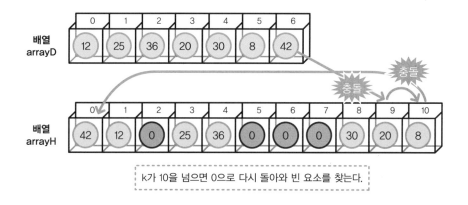

다음으로 i는 7이 되므로 반복 처리를 끝내고 종료한다. 이제 배열 arrayD에 있는 7개
의 데이터가 모두 배열 arrayH의 요소에 저장되었다.

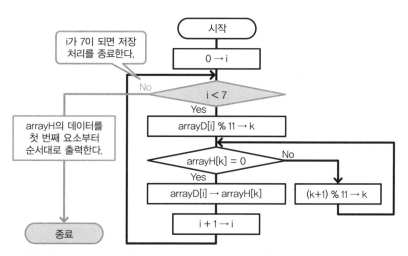

● 해시 함수를 사용하여 데이터를 저장하는 알고리즘(순서도)

■ 알고리즘을 의사 언어로 작성하기

해시 함수를 사용하여 데이터를 저장하는 알고리즘을 알았으므로 이제 의사 언어로
작성해 보자.

이때 주의해야 할 것은 arrayH[k]가 0인지의 여부를 확인하는 판단 처리다. 순서도에서는 arrayH[k] = 0이 Yes인 경우에 arrayD[i]의 데이터를 대입하고, No인 경우에 k를 하나 추가시키는 처리를 수행하도록 했다.

그러나 의사 언어에서는 조건식을 arrayH[k] ≠ 0으로 했다. 그 이유는 조건식이 Yes 인 경우 비어 있는 요소를 찾을 때까지 k ← (k + 1) % 11를 반복하여 실행하는 반복 구조로 하기 싶기 때문이다.

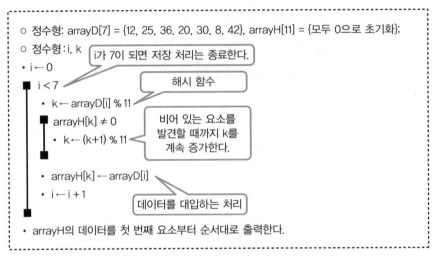

- 정수형: arrayD[7] = {12, 25, 36, 20, 30, 8, 42}, arrayH[11] = {모두 0으로 초기화};
- 정수형: i, k
  - i ← 0

    i가 7이 되면 저장 처리는 종료한다.
  - i < 7
    - k ← arrayD[i] % 11

      해시 함수
    - arrayH[k] ≠ 0
      - k ← (k+1) % 11

        비어 있는 요소를 발견할 때까지 k를 계속 증가한다.
    - arrayH[k] ← arrayD[i]
    - i ← i + 1

      데이터를 대입하는 처리
  - arrayH의 데이터를 첫 번째 요소부터 순서대로 출력한다.

● 해시 함수를 사용하여 데이터를 저장하는 알고리즘(의사 언어)

3 해시 탐색법으로 데이터를 탐색하는 알고리즘

> **POINT!**
> - 데이터 탐색에는 저장할 때 사용한 것과 같은 해시 함수를 사용한다.
> - 탐색 데이터가 존재하지 않을 경우의 처리를 잊지 않고 기술한다.

앞에서는 해시 함수를 사용해 배열에 데이터를 저장했다. 드디어 탐색할 준비가 된 것이다. 이번에는 해시 탐색법을 사용하여 데이터를 검색하는 알고리즘을 순서도로 표현해 보자.

■ 탐색 대상이 되는 배열

앞서 해시 함수를 사용한 알고리즘으로 데이터를 저장한 배열은 다음과 같이 이루어져 있다.

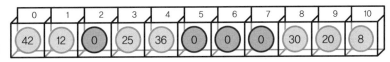

배열
arrayH

0	1	2	3	4	5	6	7	8	9	10
42	12	0	25	36	0	0	0	30	20	8

■ 12가 저장되어 있는 요소를 검색하기

가장 먼저 12가 저장되어 있는 요소는 어디인지 찾아보자. 탐색 데이터는 정수형 변수 x를 준비해 두고, 표준 입력을 통해 이 x에 값을 입력하는 것으로 한다. 찾을 때는 저장하는 데 사용한 것과 같은 해시 함수를 사용하여 위치를 산출한다.

● 해시 함수

해시값(arrayH의 첨자) = 데이터값 % 11

12의 위치는 12 % 11 = 1로 해시값이 1이다. 해시값은 정수형 변수 k에 대입해 둔다. 그리고 k = 1인 경우, 즉 arrayH[1]에 저장되어 있는 데이터를 확인한다. arrayH[1]의 데이터는 12로, 찾고 있는 데이터는 여기에 있다. '저장 위치는 1번째 요소다.'라고 출력하고, 이 탐색은 종료한다.

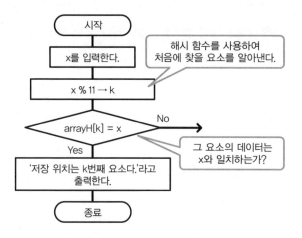

arrayH에 저장되어 있는 데이터 중 20, 25, 30의 위치도 이 절차를 통해 순조롭게 알아낼 수 있다.

■ 36이 저장되어 있는 요소 검색하기

이번에는 36이 저장되어 있는 요소를 찾아보자. 앞과 마찬가지로 x에 36을 입력하면, 해시값은 36 % 11 = 3이 된다. 처음에 arrayH[3]을 살펴보면, 25라는 데이터가 존재한다. 이것은 찾고 있는 데이터가 아니다. 이 경우의 다음 단계는 저장했을 때와 마찬가지로 k를 하나 증가시켜 옆에 있는 요소를 찾는 것이다. k가 10을 넘어도 괜찮도록 미리 k에 (k + 1) % 11을 대입해 둔다.

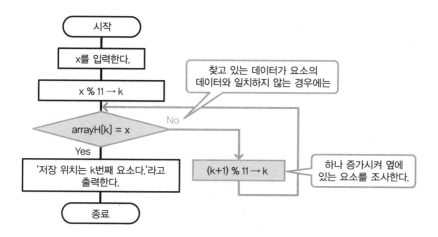

arrayH[3]에는 36과 다른 데이터가 들어 있기 때문에 k를 3에서 4로 늘려 다음 요소인 arrayH[4]를 살펴보면 36을 발견할 수 있다. 따라서 여기에서 '저장 위치는 4번째 요소다.'라고 출력하고 탐색을 종료한다.

arrayH에 저장되어 있는 데이터 중 8과 42의 위치도 이러한 절차에 따라 순조롭게 알아낼 수 있다.

■ 검색하고 있는 데이터가 배열에 존재하지 않을 경우

지금까지의 처리 절차에서 저장되어 있는 데이터는 모두 찾을 수 있었다. 하지만 탐색 데이터가 배열에 존재하지 않는 경우도 있으므로 일단 처리를 생각해 두어야 한다. 탐색하는 데이터가 존재하지 않는 경우라면 지금의 상태에서는 무한 루프가 발생한다.

탐색 데이터가 발견되지 않으면 k 값은 점점 증가하고, 처음 요소에서 다음 요소 그리고 그 다음 요소로 데이터를 확인한다. 과연 어디까지 찾아야 존재하지 않는다고 말할 수 있을까? 그것은 바로 데이터가 보관되지 않은 요소가 나왔을 때까지다.

만약 데이터가 존재하면 설사 저장할 때 충돌이 발생하여 어딘가 다른 요소에 저장되어 있다 하더라도 저장 위치를 찾을 때까지의 사이에 데이터가 0인 요소가 있을 수 없다. 따라서 k가 증가하는 과정에서 데이터가 0인 요소가 나오면, 찾고 있는 데이터는 이 배열에 존재하지 않는다고 말할 수 있다.

이 처리를 실현하려면 k를 하나 증가시키고 반복에 들어가기 전에 arrayH[k]가 0이 아닌지의 여부를 확인하는 처리를 추가해야 한다. 이는 arrayH[k] ≠ 0이라는 조건식으로 표현할 수 있다. 만약 이 조건식이 No인 경우, 'x는 존재하지 않습니다.'라고 출력한 후 종료한다.

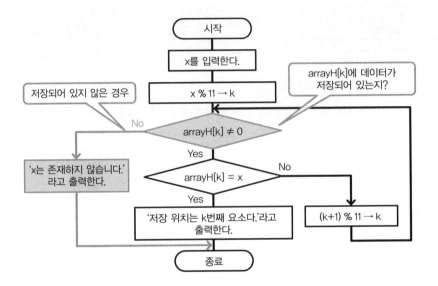

🔲 알고리즘을 의사 언어로 작성하기

해시 탐색법의 알고리즘도 의사 언어로 작성해 보자. 순서도를 제대로 이해했다면 특별히 어려운 점은 없을 것이다. 순서도로 만든 알고리즘이 틀리지 않도록 의사 언어로 옮기면 된다.

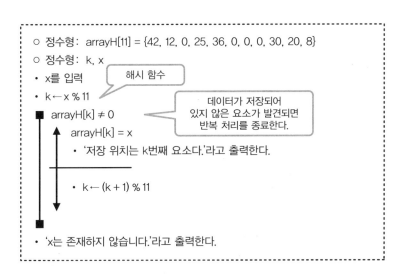

○ 정수형: arrayH[11] = {42, 12, 0, 25, 36, 0, 0, 0, 30, 20, 8}
○ 정수형: k, x
• x를 입력
• k ← x % 11 [해시 함수]
■ arrayH[k] ≠ 0 [데이터가 저장되어 있지 않은 요소가 발견되면 반복 처리를 종료한다.]
   arrayH[k] = x
   • '저장 위치는 k번째 요소다.'라고 출력한다.
   • k ← (k + 1) % 11
• 'x는 존재하지 않습니다.'라고 출력한다.

해시 탐색법은 검색 알고리즘 중에서도 매우 속도가 빠른 알고리즘이므로 실제 프로그램에서도 많이 사용된다. 여기에서 소개한 배열을 이용하는 방법 이외에도 다양한 종류의 해시 탐색법이 있는데, 기본적인 처리 절차는 이번에 배운 알고리즘에 포함되어 있다.

단순 선택법
(선택 정렬)

Algorithm

1 정렬 알고리즘이란?

POINT!

- 데이터를 오름차순 또는 내림차순으로 나열하는 알고리즘이다.
- 정렬 알고리즘은 검색 엔진이나 엑셀(Excel)에서도 사용한다.

정렬 알고리즘에서 '정렬'은 '바꾸어 나열하는 것'을 말한다. 즉, 데이터를 큰 순서 또는 작은 순서로 바꾸어 나열하는 알고리즘이다. '정렬'을 영어로 표현하면 '소트(Sort)'이므로 '소트 알고리즘'이라고도 한다. 정렬에는 작은 순서로 정렬하는 '오름차순'과 큰 순서로 정렬하는 '내림차순'이 있다.

■ 검색 엔진이나 엑셀에서도 정렬은 중요하다

탐색 알고리즘 부분에서도 언급했지만, 검색 엔진은 인터넷상에 있는 대량의 데이터 중에서 알고 싶은 정보가 게재되어 있는 웹 페이지를 탐색해 주는 프로그램이다. 하지만 해당하는 웹 페이지가 수만에서 수십만 페이지나 발견되는 경우 또한 흔하다. 따라서 이를 모두 읽는 것은 불가능하다. 검색 엔진은 발견된 웹 페이지를 '중요한 정보가 실려 있을 것 같은 순서대로' 정렬하여 우리에게 제시해 준다. 대량의 정보를 알기 쉽게 정렬함으로써 더 사용하기 쉬워지는 것이다.

여러분이 사용하는 엑셀에도 정렬 기능이 있다. 도구 모음의 '정렬' 또는 'ㄱㅎ', 'ㅎㄱ'이라는 버튼이 바로 그것이다. 매출이나 성적표, 명단 등을 보기 편하게 하거나 분석하는 등과 같은 정렬 기능은 필수적이다.

● **엑셀의 정렬 버튼**

이 장에서부터 10장까지의 4개의 장에 걸쳐 유명한 정렬 알고리즘을 하나씩 배운다.

■ 유명한 정렬 알고리즘 네 가지

정렬 알고리즘은 간단한 것에서부터 복잡한 것에 이르기까지 매우 다양하지만, 그중 가장 기본적인 알고리즘은 제7장의 단순 선택법(선택 정렬), 제8장의 단순 교환법(버블 정렬), 제9장의 단순 삽입법(삽입 정렬), 제10장의 퀵 정렬이다. 우선 이 네 가지를 배워 두면 많은 정렬 알고리즘에서 사용하는 기본적인 생각을 이해하게 될 것이다. 우선 단순 선택법부터 알아보자.

2   단순 선택법 개념을 파악하자

> **POINT!**
> - 데이터를 정렬하는 정렬 알고리즘 중 하나다.
> - 가장 작은 데이터를 선택하여 맨 앞부터 순서대로 정렬한다.

이 장에서는 정렬 알고리즘 중 하나인 단순 선택법을 배운다. 단순 선택법은 정렬되지 않은 데이터 중 가장 작은 데이터를 선택하여 맨 앞부터 순서대로 정렬해 나가는 알고리즘이다. '선택 정렬' 또는 단순히 '선택법'이라고도 한다. 우선 그림으로 알고리즘의 개념을 살펴보자.

■ 단순 선택법으로 공을 정렬해 보자

5개의 칸으로 구분된 상자가 있다. 각 칸에는 0에서 4까지 번호가 매겨 있고, 각각의 칸에는 숫자를 쓴 공이 1개씩 들어 있다. 맨 앞부터 순서대로 12, 13, 11, 14, 10이다. 이 5개의 공을 단순 선택법을 이용하여 오름차순으로 정렬하고자 한다.

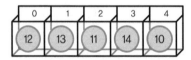

숫자가 적힌 공이 들어 있는 상자

단순 선택법의 정렬 원리는 간단하다. 오름차순인 경우, 먼저 가장 작은 숫자의 공을 찾는다. 찾았다면 첫 번째 공을 교환한다. 이 두 가지 동작을 반복함으로써 모든 공을 정렬하는 것이 단순 선택법의 기본적인 알고리즘이다.

① 숫자가 가장 작은 공을 맨 앞의 데이터와 교환

먼저 숫자가 가장 작은 공을 찾는다. 12, 13, 11, 14, 10 중 숫자가 가장 작은 것은 10이다. 이 10을 맨 앞의 공인 12와 교환한다.

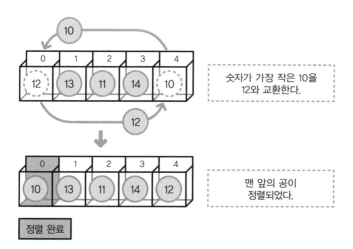

숫자가 가장 작은 10을
12와 교환한다.

맨 앞의 공이
정렬되었다.

정렬 완료

이것으로 우선 첫 번째 칸에 숫자가 가장 작은 공이 들어가 정렬되었다.

② 다음으로 숫자가 작은 공을 두 번째 공과 교환

남은 4개의 공 중 가장 작은 것은 11이다. 이 11을 13과 교환한다.

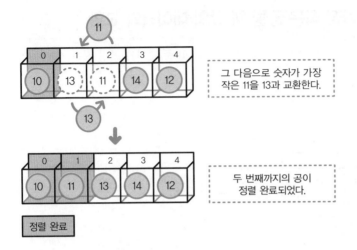

그 다음으로 숫자가 가장
작은 11을 13과 교환한다.

두 번째까지의 공이
정렬 완료되었다.

정렬 완료

이제 5개의 공 중에서 첫 번째 공과 두 번째 공이 오름차순으로 정렬되었다.

■ ③ 3개 중에서 가장 숫자가 작은 공을 세 번째 공과 교환

남은 공은 3개이고, 이 중에서 최솟값은 12다. 지금까지와 마찬가지로 12를 13과 교환
한다.

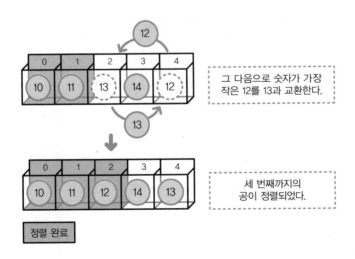

그 다음으로 숫자가 가장
작은 12를 13과 교환한다.

세 번째까지의
공이 정렬되었다.

정렬 완료

이것으로 세 번째의 작은 공까지 오름차순으로 정렬되었다.

④ 남은 2개를 오름차순으로 정렬

남은 공은 2개다. 이 2개를 오름차순으로 바꾸면 정렬은 종료된다. 14와 13, 작은 것은 13이므로 13과 14의 위치를 바꾼다.

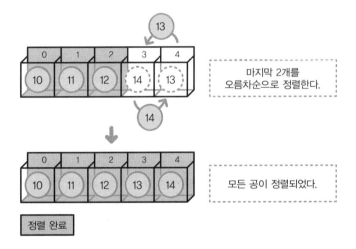

네 번째 교환이 끝난 후에 살펴보니 5개의 공 모두가 오름차순으로 정렬되었다. 이것으로 단순 선택법에 의한 정렬이 완료되었다.

3 단순 선택법 알고리즘

POINT!

- 오름차순으로 정렬하는 단순 선택법은 다음 두 가지 절차로 되어 있다.
- ① 탐색 범위의 최솟값을 찾는 처리
- ② 탐색 범위의 최솟값을 맨 앞 요소와 교환하는 처리

그림으로 단순 선택법의 개념을 파악했으므로 이번에는 단순 선택법의 알고리즘을 순서도로 생각해 보자.

■ 배열의 설정

가장 먼저 배열을 준비한다. 정수형 배열로 배열명은 array, 요소 수는 5개다. 첨자는 0부터 4까지다. 이 배열에는 다음과 같은 데이터가 초깃값으로 들어 있다. 여기에서는 단순 선택법에 의해 이 5개의 데이터를 오름차순으로 정렬해 나가는 과정을 살펴보자.

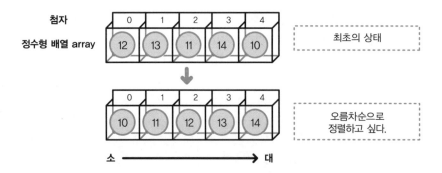

최초의 배열은 array[0]이 12, array[1]이 13, array[2]이 11, array[3]이 14, array[4]가 10이다. 변수의 경우 지금의 시점에서는 어떤 변수가 필요한지 모르기 때문에 필요할 때마다 순차적으로 준비하면 된다.

■ 탐색 처리의 순서

앞서 처리의 개념을 확인할 때는 사용한 공을 배열 데이터로 대체해야 한다. 다음 그림은 그 처리 절차를 순서도로 나타낸 것이다.

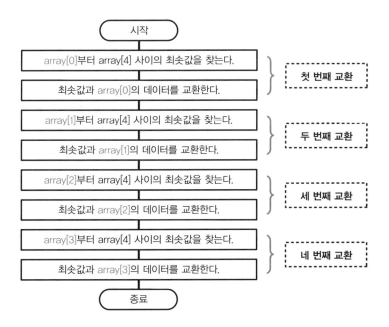

한눈에 알 수 있듯이, 유사한 절차의 반복이 발생한다. 반복되는 곳을 반복 구조로 바꿔 보자.

위의 순서도 대로라면 array[0]에서 array[3]의 숫자 부분이 하나씩 늘어나고 있다. 이 숫자를 변수 i로 바꾸면 다음과 같은 반복 처리로 할 수 있다.

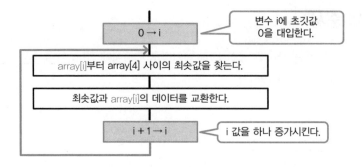

반복 처리가 나오면 종료 조건도 생각해야 한다. 종료 조건이 없으면 무한 루프가 된다.

이번 예제에서 i의 최댓값은 3이므로 i가 4보다 작은 경우에만 반복한다는 조건을 반복 처리의 처음 부분에 기술해 둔다.

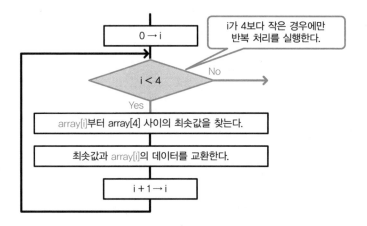

■ ① array[i]부터 array[4] 사이의 최솟값 찾기

단순 선택법에 있어서 알고리즘의 핵심이 되고 있는 두 가지 처리는 '탐색 범위의 최솟 값 찾기'라는 처리와 '탐색 범위의 최솟값과 맨 앞의 데이터 교환하기'라는 처리다. 우선 '탐색 범위의 최솟값 찾기'라는 처리부터 살펴보자.

제3장에서 '최댓값을 찾는 알고리즘'을 배웠다. 이번 '탐색 범위의 최솟값 찾기'라는 처

리는 이 알고리즘을 적용한다.

최댓값을 찾는 알고리즘에서는 단순하게 맨 처음부터 꾸준히 차례대로 2개의 데이터를 비교하는 방식을 채택했다. 이번 최솟값을 찾는 알고리즘도 이 방법을 사용한다.

알고리즘의 대략적인 흐름은 거의 같다. 한 가지 다른 점은 찾는 대상이 최댓값 또는 최솟값이라는 점이다. 여기서는 다른 점에 포인트를 맞춰 설명한다.

● 잠정적인 최솟값의 첨자를 저장하는 변수 indexMin을 준비한다

먼저 정수형 변수를 별도로 1개 마련하여 그때그때 최솟값의 첨자를 저장한다. 변수명은 indexMin으로 정한다. 최솟값(minimum)의 첨자(index)를 저장하기 위한 변수이기 때문에 indexMin이다.

제3장에서는 최댓값인 데이터를 그대로 max라는 변수에 대입했다. 하지만 이번에는 최솟값의 데이터가 저장되어 있는 요소를 확인하고 싶기 때문에 첨자를 변수 indexMin에 대입한다. 첫 번째, 즉 데이터가 5개일 때의 최솟값을 찾는 처리 절차를 살펴보자.

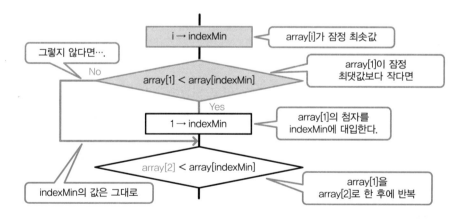

우선 아직 정렬되지 않은 부분의 맨 앞 요소 array[i]의 첨자인 i(i의 초깃값은 0)를 indexMin에 대입했다. 따라서 잠정 최솟값이 들어 있는 요소는 array[indexMin]이라

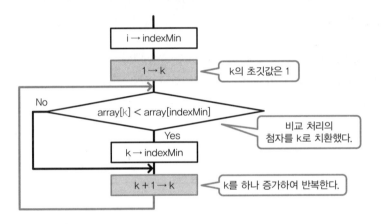
고 할 수 있다. 이후에는 array[indexMin]과 array[1]부터 array[4]를 차례대로 비교하여 작은 쪽의 첨자를 indexMin에 대입한다.

● 잠정 최솟값과 비교하는 요소의 첨자를 변수 k로 치환한다

그림에서는 일부만 표현하고 있지만, array[indexMin](잠정 최솟값)과 그 밖의 요소 간의 비교 처리는 기본적으로 같은 절차의 반복이다. 변하고 있는 것은 비교 대상이 되고 있는 요소의 첨자이며, i가 0일 때는 이것이 1에서 4까지 순차적으로 변하고 있다 (array[1]에서 array[4]). 반복하는 절차는 가능한 한 반복 구조로 하고 싶으므로 이 변하는 첨자를 변수 k로 나타내 보자. k의 초깃값은 1로, 가능한 값은 4까지다.

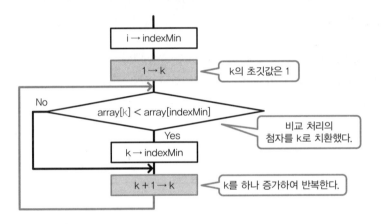

잠정 최솟값과 비교하는 요소의 첨자를 변수 k로 치환하여 반복 구조로 만들어 보았다. 하지만 이대로라면 k에 무한 루프가 발생한다. 반복 구조는 종료 조건이 필요하다. 여기서 하나씩 증가하는 k에 주목해 보자.

i가 0일 때 k는 1부터 4까지 변하고 있다. k는 5가 되는 일은 없으므로 반복 처리의 종료 조건은 k < 5로 한다. 이제 k가 5보다 작은 동안은 반복 처리가 실시되고, k가 5가 되면 반복 처리를 실행하지 않고 반복 구조를 빠져나간다.

또한, k의 초깃값도 수정해야 한다. i가 0일 때는 k의 초깃값은 1이어도 좋지만, i가 0, 1, 2, 3으로 늘어남에 따라 k가 반복 처리에 들어갈 때의 초깃값도 하나씩 늘려 나가지 않으면 안 된다.

array[k]는 반드시 array[i]의 다음 요소부터 시작하기 때문에 정렬되지 않은 범위와 i의 값, k의 초깃값의 관계는 다음 표와 같다.

정렬되지 않은 범위	i의 값	k의 초깃값
array[0]~array[4]	0	1
array[1]~array[4]	1	2
array[2]~array[4]	2	3
array[3]~array[4]	3	4
array[i]~array[4]	i	i+1

이를 살펴보면 알 수 있듯이, k의 값은 i에 1을 더한 값이다. 따라서 k의 초깃값에는 i + 1을 대입한다. 이렇게 함으로써 최솟값을 구하는 범위가 하나씩 좁혀진다는 것(i가 0부터 3까지 변화한다)에 연동하여 k도 1에서 4까지 1개씩 변화해 지정된 범위의 최솟값을 적절하게 알아낼 수 있다.

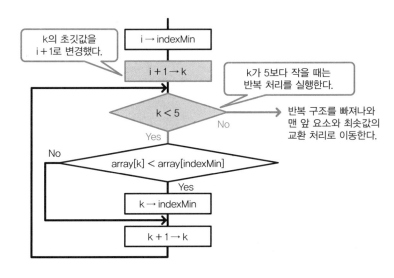

② 최솟값과 array[i]의 데이터를 교환한다

맨 앞의 요소는 항상 array[i]로 표현되어 있다. 한편, 검토 중인 데이터에서 최솟값이 들어 있는 요소는 array[indexMin]으로 표현되어 있다.

'array[i]부터 array[4] 사이에 있는 최솟값을 찾는 처리'가 끝난 단계에서 array[indexMin]에는 최솟값이 대입되어 있을 것이다. 이 array[indexMin]의 데이터와 맨 앞의 요소인 array[i]의 데이터를 교환하려면 제3장에서 배운 '두 변수의 데이터를 교환하는 알고리즘'을 사용해야 한다. 교환용 작업 변수를 w라고 하면, 교환의 순서도는 다음과 같다.

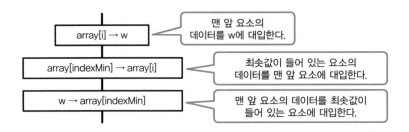

세 가지 처리를 조합하여 순서도를 완성

맨 처음의 전체 흐름 안에 최솟값을 찾는 처리와 교환 처리를 넣으면 단순 선택법의 알고리즘이 완성된다.

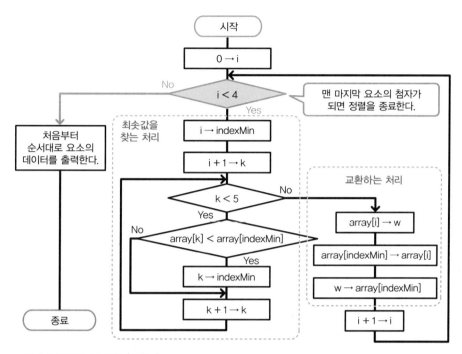

● 단순 선택법의 알고리즘(순서도)

원래의 순서도에 선택 처리를 하나 추가했다. 정렬 대상 범위 안에 있는 맨 앞 요소의 첨자를 나타내는 변수 i는 0부터 3까지의 값을 취한다. 맨 마지막 요소의 첨자인 4가 되지 않는다. 따라서 i < 4라는 조건식을 붙였다.

i가 4가 되면 모든 데이터가 오름차순으로 정렬된 것이기 때문에 반복 처리를 끝내고 이를 확인하기 위해 데이터를 순차적으로 출력한 후에 종료한다.

■ 알고리즘을 의사 언어로 작성하기

단순 선택법의 순서도가 완성되었으므로 의사 언어로도 표현해 보자. 이번에는 특별히 주의해야 할 것이 없다. 순서도를 그냥 그대로 옮겨 적으면 된다. 최솟값을 찾는 처리 안에 있는 선택 구조는 Yes인 경우에 k의 값을 indexMin에 대입하는 처리를 한다. No 인 경우에는 아무것도 하지 않기 때문에 가로축이 필요 없다.

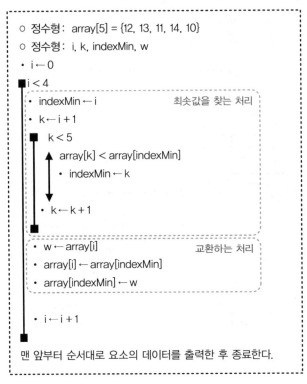

○ 정수형: array[5] = {12, 13, 11, 14, 10}
○ 정수형: i, k, indexMin, w
• i ← 0
■ i < 4
  • indexMin ← i　　　　　최솟값을 찾는 처리
  • k ← i + 1
  ■ k < 5
    ↑ array[k] < array[indexMin]
     • indexMin ← k
    ↓
  • k ← k + 1

  • w ← array[i]　　　　　교환하는 처리
  • array[i] ← array[indexMin]
  • array[indexMin] ← w

  • i ← i + 1
■
맨 앞부터 순서대로 요소의 데이터를 출력한 후 종료한다.

● 단순 선택법의 알고리즘(의사 언어)

이번에 배운 단순 선택법은 정렬되지 않은 부분의 최솟값을 찾아 그 데이터를 맨 앞으로 가지고 감으로써 정렬을 수행하는 알고리즘이다. 이 알고리즘은 우리들이 여러 권으로 되어 있는 만화책을 1권부터 46권까지 오름차순으로 정렬하듯, 일반적인 물건의 정렬과 같은 방식이므로 이해하기 쉬웠을 것이라 생각한다. 그러나 처리 속도는 느리기 때문에 데이터가 많은 경우의 정렬에는 적합하지 않다. 단순 선택법에는 제3장에서 배운 알고리즘을 사용했기 때문에 처음 보는 처리는 없었다고 생각한다.

알고리즘의 유용은 효율적인 프로그래밍을 하는 데에 빠뜨릴 수 없는 부분이다. 단, 변수의 차이 등 세세한 점에서의 주의가 필요하다. 이번 경우, 최솟값을 대입하는 변수에 최솟값 데이터 자체를 대입하는 것이 아니라 최솟값 데이터가 저장되는 요소의 첨자를 대입한다는 점이 제3장에서 공부한 알고리즘과 다르다.

변수의 초깃값이 하나만 달라도 정확한 결과가 출력되지 못한다. 이 점이 프로그램의 무서운 점이자, 재미있는 점이기도 하다. 잘 이해하지 못한 부분은 제대로 복습하길 바란다.

8

단순 교환법
(버블 정렬)

1 단순 교환법 개념을 파악하자

2 단순 교환법 알고리즘

Algorithm

8 CHAPTER

1 단순 교환법 개념을 파악하자

POINT!

- 단순 교환법은 데이터를 정렬하는 정렬 알고리즘 중 하나다.
- 인접한 데이터를 교환하는 처리를 반복하여 전체를 정렬한다.
- 단순한 알고리즘이지만, 실행 속도가 느리다.

이 장에서는 두 번째 기본적인 정렬 알고리즘인 '단순 교환법'을 배운다. 단순 교환법은 인접한 데이터를 교환하는 처리를 반복하여 최종적으로는 모든 데이터를 오름차순 또는 내림차순으로 정렬하는 알고리즘이다.

단순 교환법은 '버블 정렬'이라고도 한다. 여기서 버블은 '거품'을 의미하는데, 이는 알고리즘의 정렬되는 모습이 마치 거품이 수면에 떠오르는 것처럼 보인다고 해서 붙여진 이름이다. 자, 그럼 어디가 어떻게 거품처럼 보일까? 그림을 통해 알고리즘의 개념을 파악해 보자.

■ 단순 교환법으로 공을 오름차순으로 정렬해 보자

5개의 칸으로 구분된 상자가 있다. 칸에는 0에서 4까지의 번호가 매겨 있고, 숫자가 쓰인 공이 1개씩 들어 있다. 맨 앞부터 순서대로 5, 3, 4, 1, 2다. 이 5개의 공을 오름차순으로 정렬하고 싶다.

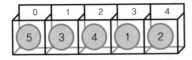

숫자가 적힌 공이
들어 있는 상자

단순 교환법의 정렬 처리는 단순하다. 이번에는 오름차순으로 정렬하기 때문에 뒤(오른쪽)부터 인접한 2개의 공을 비교하여 작은 쪽이 앞(왼쪽)으로 오도록 교환하는 과정을 반복한다. 이 과정을 잘 사용하여 마지막에 모든 데이터를 오름차순으로 정렬하는 것이 단순 교환법의 기본적인 알고리즘이다.

■ ① 0번 칸에 1인 공을 가져간다

오름차순으로 정렬하고 싶기 때문에 우선 맨 앞의 0번 칸에 가장 작은 1인 공을 넣고 싶다. 단계별로 정렬해 보자.

● 3번 칸과 4번 칸을 비교

맨 앞의 칸부터 순서대로 확정하고 싶을 때는 가장 먼저 맨 끝인 4번 칸의 공과 그 앞의 3번 칸의 공을 비교한다. 3번 칸의 공은 1이고, 4번 칸의 공은 2다. 자세히 살펴보니이 둘은 이미 오름차순으로 정렬되어 있기 때문에 이대로도 괜찮다. 위치는 교환하지 않는다.

이미 오름차순이므로
교환하지 않는다.

● 2번 칸과 3번 칸을 비교

다음은 2번 칸의 공과 3번 칸의 공을 비교한다. 2번 칸의 공은 4이고, 3번 칸의 공은 1이다. 이번에는 오름차순으로 정렬되어 있지 않기 때문에 위치를 교환한다.

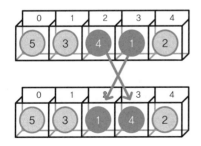

2번 칸의 4와 3번 칸의
1을 비교 및 교환한다.

● 1번 칸과 2번 칸을 비교

다음은 1번 칸의 공과 2번 칸의 공을 비교한다. 1번 칸의 공은 3이고, 2번 칸의 공은 1 이다. 오름차순으로 되어 있지 않기 때문에 위치를 교환하여 오름차순으로 정렬한다.

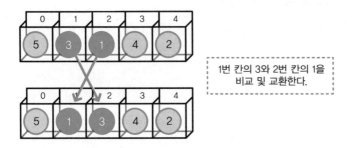

1번 칸의 3와 2번 칸의 1을
비교 및 교환한다.

● 0번 칸과 1번 칸을 비교

다음은 0번 칸의 공과 1번 칸의 공을 비교한다. 0번 칸의 공은 5이고, 1번 칸의 공은 1 이다. 이번에도 오름차순으로 되어 있지 않기 때문에 0번 칸과 1번 칸의 공 위치를 교 환하여 오름차순으로 정렬한다.

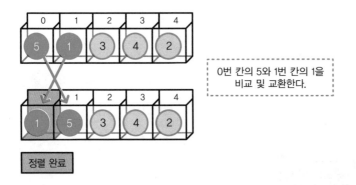

0번 칸의 5와 1번 칸의 1을
비교 및 교환한다.

정렬 완료

지금까지 실시한 4차례의 비교 및 교환으로, 5개의 공 중 가장 숫자 1의 공이 가장 왼 쪽의 0번 칸에 들어갔다. 오른쪽 끝에 있는 2개의 칸에서부터 차례대로 인접한 공을 비교하여 오름차순으로 정렬하는 처리를 반복하여 자연스럽게 가장 작은 숫자의 공이 왼쪽 끝 칸에 들어가게 된 것이다.

② 1번 칸에 2인 공을 가져간다

0번 칸은 이미 확정되었다. 다음은 남은 4개의 공 중 가장 숫자가 작은 공인 2인 공을 1번 칸으로 가져가고 싶다. 이것도 공 1과 마찬가지 방식으로 오른쪽 두 칸부터 비교하기 시작한다.

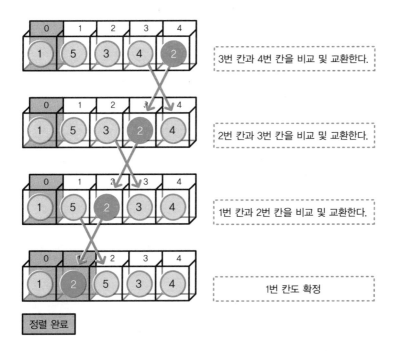

3번 칸과 4번 칸을 비교 및 교환한다.

2번 칸과 3번 칸을 비교 및 교환한다.

1번 칸과 2번 칸을 비교 및 교환한다.

1번 칸도 확정

정렬 완료

앞의 0번 칸에 이어, 1번 칸에 2인 공이 들어가서 0번 칸과 1번 칸이 확정되었다.

③ 2번 칸에 3인 공을 가져간다

이어 남은 3개의 공 중 가장 숫자가 작은 공인 3을 2번 칸으로 가져간다. 앞에서 처리한 것과 똑같이 오른쪽 끝부터 순서대로 인접한 칸의 공을 서로 비교하여 오름차순으로 정렬한다.

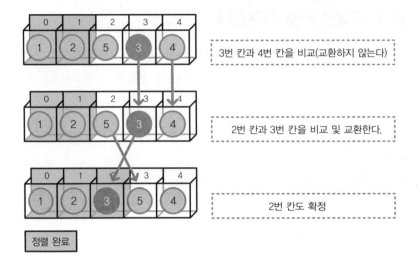

2번 칸에 3인 공이 들어갔다. 0번 칸에서 2번 칸이 확정되어 오름차순으로 정렬되었다.

④ 3번 칸에 4인 공을 가져간다

마지막으로 3번 칸과 4번 칸을 비교하여 오름차순으로 정렬한다.

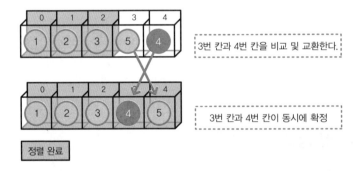

3번 칸이 확정됨과 동시에 4번 칸도 확정되었다. 지금까지 단계별 절차를 살펴본 것처럼 '인접한 공을 비교하여 오름차순이 되도록 위치를 교환하는' 간단한 처리의 반복만을 이용해 오름차순으로 공을 정렬할 수 있었다.

단순 교환법의 알고리즘은

> ① 오른쪽 끝부터 순서대로 인접한 공을 오름차순으로 정렬한다.
> ② 왼쪽 끝 칸부터 순서대로 들어갈 공을 확정시켜 나간다.

라는 두 가지 처리의 조합으로부터 성립됨을 알 수 있다.

이 장의 도입부에서 단순 교환법은 '버블 정렬'이라고도 한다고 했고, 그 이름은 데이터가 정렬되는 모습에서 유래되었다고 설명했다. 실제로 공을 정렬해 보니 그렇게 보이지 않는가?

다시 한 번 설명하면 0번 칸을 수면으로, 그리고 공을 거품으로 비유했을 때 도중에 숫자가 큰 공이나 숫자가 작은 공이 몇 번이고 자리를 바꿔가면서 수면으로 올라가는 모습이 마치 바닷속에서부터 솟아올라오는 거품들처럼 보일 것이다. 말하고 보니 왠지 로맨틱한 느낌이 든다. 하지만 '전혀 그런 식으로 생각되지 않는데!'라고 하는 사람도 있을 것이다. 하지만 상관없다. 이를 가지고 논리적 사고의 유무나 프로그래머의 자질을 판단할 일은 (아마도) 없기 때문이다.

다음은 각각의 정렬 방식에 대한 동작을 가시화해 놓은 웹 사이트다. 참고하길 바란다.

https://www.toptal.com/developers/sorting-algorithms

2 단순 교환법 알고리즘

> **POINT!**
> - 오름차순으로 정렬시키는 단순 교환법은 두 가지 절차의 조합으로 되어 있다.
> - ① 오른쪽 끝 요소부터 순서대로 인접한 데이터를 오름차순으로 교환하여 정렬한다.
> - ② 왼쪽 끝 요소부터 순서대로 하나씩 데이터를 오름차순으로 정렬된 요소를 확정한다.

그림으로 단순 교환법의 개념을 잡았으므로 이제는 단순 교환법의 알고리즘을 순서도로 나타내 보자.

■ 배열 설정

가장 먼저 배열을 준비한다. 정수형 배열로 배열명은 array, 요소 수는 5개다. 첨자는 0부터 4까지로 한다. 이 배열에는 다음과 같은 데이터가 초깃값으로 들어 있다. 이 5개의 데이터를 단순 교환법에 의해 오름차순으로 정렬해 나가는 절차를 살펴보자.

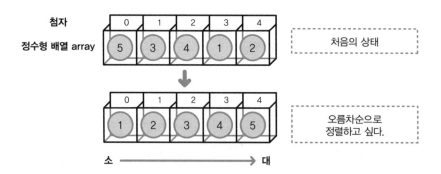

처음 배열에서는 array[0]이 5, array[1]이 3, array[2]가 4, array[3]이 1, array[4]가 2다. 변수의 경우, 지금 시점에서는 어떤 변수가 필요한지 모르기 때문에 필요할 때마다 순차적으로 마련하면 된다. 앞서 공을 사용해 개념을 잡은 단순 교환법의 알고리즘은

2단계의 반복으로 구성되어 있다는 것을 알 수 있다.

> ① 오른쪽 끝 요소부터 순서대로 인접한 데이터를 오름차순으로 정렬한다.
> ② 왼쪽 끝 요소부터 순서대로 들어오는 데이터를 확정시켜 나간다.

처리 절차를 순서대로 살펴보자.

■ 오른쪽 끝 요소부터 순서대로 인접한 데이터를 오름차순으로 정렬하기

① '오른쪽 끝 요소부터 순서대로 인접한 데이터를 오름차순으로 정렬하는' 처리를 좀 더 세밀하게 분해하면, 세 가지 처리로 나눌 수 있다. 우선 오른쪽 끝 첨자 4의 요소와 그 앞 첨자 3의 요소의 크기를 비교하는 처리로, 이것이 첫 번째 처리다.

이를 비교한 후 2개를 오름차순으로 바꾸어 나열하는 처리로, 이것이 두 번째 처리다. 그리고 정렬이 끝나면 다음 비교를 위해 하나 왼쪽에 위치하는 요소로 이동하는 처리로, 이것이 세 번째 처리다.

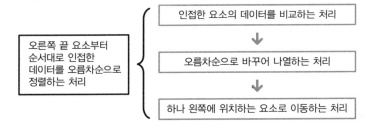

이 3개의 처리가 어떻게 하면 실현될 수 있는지 생각해 보자.

● 인접한 요소를 비교하는 처리

인접한 두 요소를 비교하는 경우, 왼쪽 요소의 첨자는 항상 오른쪽 요소의 첨자보다 하나 작은 숫자다. 예를 들어, array[3]과 array[4], array[2]와 array[3], array[1]과 array[2]와 같은 식이다. 여기서 오른쪽 요소의 첨자를 변수 i로 나타내면, 왼쪽 요소의 첨자는 i-1로 나타낼 수 있다. 그렇게 되면 요소에 저장되어 있는 데이터는 배열명과 변수 i를 사용하여 각각 array[i-1], array[i]로 나타낼 수 있다.

	왼쪽 요소	오른쪽 요소
첨자	i-1	i
데이터	array[i-1]	array[i]

이 표기법을 사용하여 좌우 요소를 비교한 후 오름차순으로 정렬되었는지의 여부를 확인하려면 '왼쪽 요소는 오른쪽 요소보다 작은가?'라는 조건식을 사용하면 된다.

array[i-1] < array[i]

이 조건식이 Yes인 경우, 왼쪽 요소의 데이터가 오른쪽 요소의 데이터보다 작은, 즉 이미 오름차순으로 정렬되어 있기 때문에 정렬할 필요가 없다. 한편, No인 경우에는 오름차순으로 정렬해야 하므로 array[i-1]과 array[i]를 교환하여 정렬한다. 또한, 배열의 첨자인 변수 i는 4부터 시작하므로 처리를 시작함에 있어 변수 i의 초깃값으로 4를 대입해 둔다.

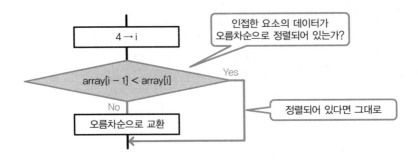

● 인접한 요소의 데이터를 교환하는 처리

array[i - 1] < array[i]의 비교가 No라면 array[i - 1]과 array[i]를 교환한다. 이 교환에는 제3장과 제7장에서 사용한 '두 변수의 데이터를 교환하는 알고리즘'을 사용한다.

두 요소의 값을 교환하기 위해 미리 값을 전달하는 데 사용할 변수 w를 준비해 둔다.

먼저 array[i - 1]의 데이터를 변수 w에 대입한다. 그리고 array[i]의 데이터를 array[i - 1]에 대입한 후 변수 w에 넣어 둔 array[i - 1]의 데이터를 array[i]에 대입한다.

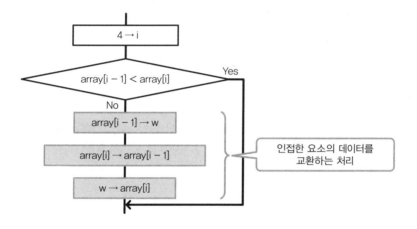

● 비교할 요소를 하나 왼쪽으로 이동하는 처리

요소의 대소를 비교한 후에는 요소의 교환 여부와 상관없이 그 다음 비교 대상이 되는 요소 쌍을 위해 비교 대상을 하나 왼쪽으로 이동해야 한다. 이동하는 처리는 오른쪽 요소의 첨자인 i를 하나 줄이면 된다. 교환 처리 아래에

i - 1 → i

라는 처리를 추가한다. 이 처리를 거쳐 다시 array[i-1]과 array[i]의 비교 처리로 돌아와 반복 처리한다.

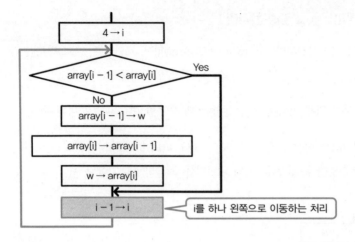

여기서 드디어 반복 처리가 나왔다. 반복 처리에는 반드시 종료 조건을 명기해야 한다. 그렇지 않으면 무한 루프가 되어 버린다.

i-1→i의 처리를 반복하다 보면 i는 반복할 때마다 1개씩 줄어든다. 그렇다면 i와 i-1 이 몇이 되었을 때 반복이 끝나도록 설정하는 것이 좋을까? 이를 순차적으로 살펴보자.

처리의 횟수	i-1(왼쪽 요소의 첨자)	i(오른쪽 요소의 첨자)
첫 번째	3	4
두 번째	2	3
세 번째	1	2
네 번째	0	1
다섯 번째	-1	0

배열의 첫 번째 요소 인덱스는 0이므로 i-1이 -1이 되는 일은 없으며, 이와 똑같이 i가 0이 되어서도 안 된다. 그런데 이대로라면 다섯 번째에서 i-1이 -1, i가 0이 되어 있을 수 없는 요소를 비교하게 된다. 따라서 무한 루프를 방지하려면 i가 0이 되어 있지 않은 지 체크해야 한다. 즉, i > 0(i는 0보다 큰가?)라는 조건식을 반복 처리에 들어가기 직전에 넣어 두어야 한다.

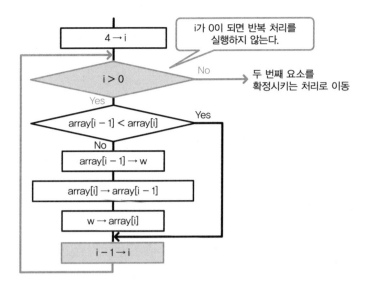

이 순서도대로라면 다섯 번째 반복 처리에 들어가기 직전에 반복 처리로부터 빠져나온다. 즉, 마지막의 array[0]과 array[1]의 비교가 끝난 후 첫 번째 요소인 array[0]에 최솟값이 대입되어 확정을 마친 상태가 된다.

■ 왼쪽 끝 요소부터 순서대로 들어오는 데이터를 확정시켜 나가기

맨 앞 요소의 데이터는 확정했다. '맨 앞 요소부터 순서대로 들어오는 데이터를 확정시켜 나가기'를 실현하려면 다음 처리로 '두 번째 요소의 데이터를 확정시키기'를 실시하면 된다. 방금 전 i > 0의 조건식이 No가 된 경우, 다시 array[3]과 array[4]를 비교하는 처리로 되돌아가 보자. 즉, No의 화살표를 4 → i의 앞으로 가져간다.

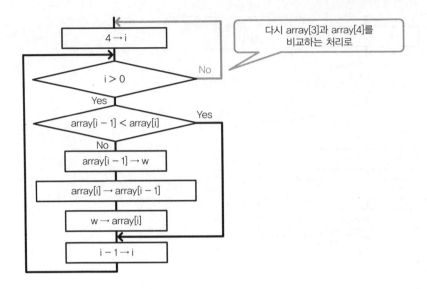

여기에서 당분간은 순조롭게 비교 및 교환 처리가 진행되지만, array[1]과 array[2]의 비교 및 교환을 마친 후에는 문제가 발생한다. 이대로라면 다시 i - 1이 0, i가 1이 되고, 이미 확정된 array[0]과 array[1]을 비교하게 된다. 이것은 쓸데없는 처리다. 이 부분을 array[1]과 array[2]의 처리(다음 그림 속의 ⑦)까지만 반복 처리되도록 하고, 다음 ⑧의 처리, 즉 array[3]와 array[4]의 처리로 되돌아가게 하고 싶다.

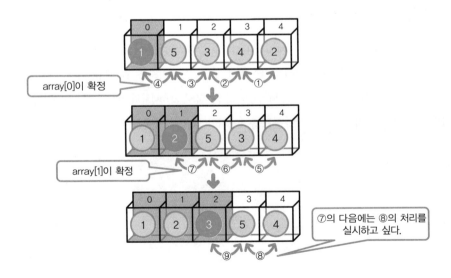

그러기 위해서는 알고리즘의 어디에 손을 대는 것이 좋을까? 방금 추가한 i > 0의 조건식이 문제인 것 같다. array[1]를 확정하는 이번 반복 처리에서는 i > 0을 i > 1로 바꿔야 한다.

이곳을 바꾸려면 이 i의 비교 대상이 되는 인덱스의 숫자도 변수로 대체하여 반복할 때마다 i > 0, i > 1, i > 2와 같이 하나씩 늘려 가도록 변화하는 처리를 추가해 주어야 한다. 이 비교 대상이 되는 숫자는 변수 k로 표현하자. k의 초깃값은 0으로 설정한다.

i > k(k의 초깃값은 0)

조건식의 양쪽 모두 변수가 되어 버렸다. 혼동하지 않도록 주의하자. 변수 i는 비교하는 두 요소 중 오른쪽 요소의 첨자를 나타내는 변수다. 변수 k는 이미 확정된 요소의 첨자를 나타낸다.

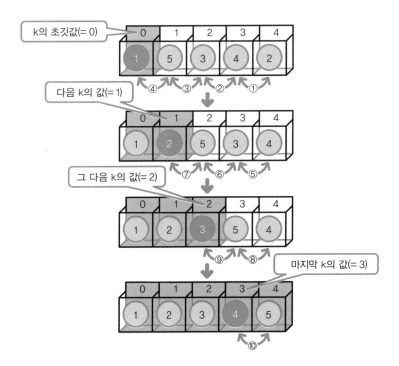

조건식을 i > k로 재작성함에 따라 i > k가 No의 경우, 4 → i의 앞으로 가기 전에 k를 하나씩 늘려야 한다. 변수 k를 하나 증가하는 처리는 k + 1 → k이므로 이것을 추가한다.

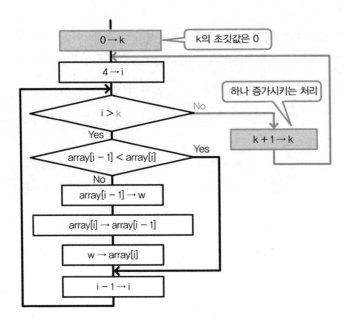

반복 처리에는 종료 조건이 필요하다. 새롭게 추가된 반복 처리도 종료 조건을 작성해야 한다. k는 반복할 때마다 하나씩 증가한다. 이번 예의 경우, 171페이지의 그림에서도 알 수 있듯이, k의 최댓값은 3이다. 그러므로 종료 조건을

k < 4(k는 4보다 작은가?)

로 하면 모든 요소의 데이터가 오름차순으로 끝난 시점에서 반복 처리를 빠져나와 맨 앞부터 순서대로 각 요소의 데이터를 출력하고 알고리즘을 종료한다.

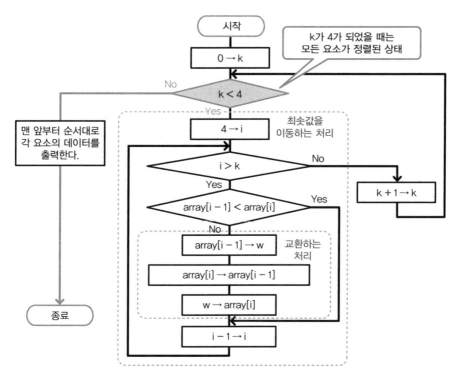

시작

$0 \rightarrow k$

k가 4가 되었을 때는
모든 요소가 정렬된 상태

$k < 4$　No

맨 앞부터 순서대로
각 요소의 데이터를
출력한다.

Yes

$4 \rightarrow i$　최솟값을 이동하는 처리

$i > k$　No

$k + 1 \rightarrow k$

Yes

$array[i-1] < array[i]$　Yes

No

$array[i-1] \rightarrow w$　교환하는 처리

$array[i] \rightarrow array[i-1]$

$w \rightarrow array[i]$

$i - 1 \rightarrow i$

종료

● 단순 교환법의 알고리즘(순서도)

■ 알고리즘을 의사 언어로 작성하기

이번에 만든 단순 교환법의 알고리즘을 의사 언어로 작성해 두자. 먼저 배열과 변수를
모두 선언한다. 이번에 사용하는 것은 정수형의 배열 array[5]와 정수형 변수 i, k, w이
므로 이것들을 선언한다.

바깥쪽의 반복 구조는 k를 하나씩 오른쪽으로 이동시켜 나가는 처리고, 안쪽의 반복
구조는 최솟값을 맨 앞 방향으로 이동시켜 나가는 처리다. 그 안의 선택 구조는 인접
한 요소의 데이터를 비교하여 오름차순으로 되어 있지 않으면 오름차순으로 교환하는
처리를 나타내고 있다.

바깥쪽의 반복 구조에서 k가 하나씩 증가하며, 마지막으로 k가 4가 되면 이 모든 처리
가 완료된다. 이 시점에서 모든 요소는 오름차순으로 정렬을 마친 상태다.

한 가지 순서도와 다른 점은 선택 구조의 조건식이다. 순서도에서는 array[i-1] < array[i]
(왼쪽 요소는 오른쪽의 요소보다 작은가?)가 No인 경우에 교환 처리를 실시하고 있었지만,
이번 의사 언어에서는 조건식이 Yes인 경우에 교환 처리를 할 수 있게 하고 싶기 때문
에 조건식을 array[i-1] > array[i](왼쪽 요소는 오른쪽의 요소보다 큰가?)로 바꾸었다. 단, 이
것은 프로그래머의 취향 문제로, 조건식을 순서도대로 해도 문제는 없다. 이 경우 Yes
와 No의 처리를 나누는 가로축으로 쓰고, 가로축 위에는 아무것도 처리를 쓰지 않고
아래에 교환하는 처리를 기술한다.

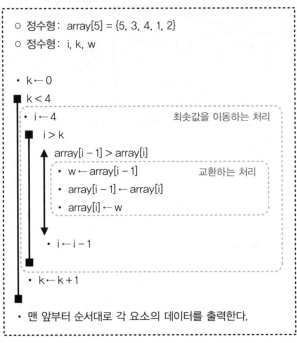

● **단순 교환법의 알고리즘(의사 언어)**

단순 교환법 자체는 이해하기 쉽지만, 실행 속도가 느리기 때문에 대량의 데이터 정렬
에 적합하지 않다. 그러므로 별로 사용할 기회가 없을지도 모르겠다. 하지만 이를 기반
으로 개량한 고속의 알고리즘은 우리 주변에 많으므로 이들을 이해하는 데 필요한 필
수 알고리즘은 확실히 이해해 두자.

CHAPTER 9

단순 삽입법
(삽입 정렬)

1 단순 삽입법의 개념을 파악하자

2 단순 삽입법의 알고리즘

1 단순 삽입법의 개념을 파악하자

> **POINT!**
> • 단순 삽입법은 데이터를 정렬하는 정렬 알고리즘 중 하나다.
> • 올바른 순서가 되도록 데이터를 삽입한다.
> • 단순 삽입법은 삽입 정렬, 기본 삽입법, 삽입법이라고도 한다.

이 장에서는 정렬 알고리즘 중 하나인 단순 삽입법을 배운다. 삽입이라는 이름 그대로 요소를 하나씩 차례대로 올바른 위치에 삽입해나감으로써 최종적으로 전체를 오름차순 또는 내림차순으로 정렬하는 알고리즘이다. 이것은 삽입 정렬, 기본 삽입법 또는 단순히 삽입법이라고도 불린다."

단순 삽입법은 단순 교환법(버블 정렬)과 같이 정렬 알고리즘 중에서는 비교적 간단한 알고리즘에 속한다. 여기서 간단하다고 표현한 이유는 하나하나의 작업 자체가 단순하기 때문이기도 하고, 실제로 우리가 일상생활에서 물건을 정렬할 때 사용하는 방법에 가깝기 때문이다. 단순 교환법과 마찬가지로 정렬 속도는 빠르지 않지만, 정렬을 하기 전에 데이터가 어느 정도 오름차순 또는 내림차순으로 되어 있으면 빠른 처리를 기대할 수 있다. 그럼, 실제로 단순 삽입법에서 어떻게 정렬이 진행되는지, 그림을 통해 알고리즘의 개념을 잡아 보자.

■ 단순 삽입법으로 공을 오름차순으로 정렬해 보자

5개의 칸으로 구분된 상자가 있다. 칸에는 0에서 4까지의 번호가 매겨 있고, 각각의 칸에는 숫자를 쓴 공이 1개씩 들어 있다. 맨 앞부터 순서대로 5, 3, 4, 1, 2다. 이 5개의 공을 오름차순으로 정렬하고 싶다.

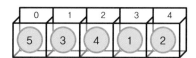

숫자가 적힌 공이
들어 있는 상자

단순 삽입법의 정렬 처리 자체는 단순하다. 이미 정렬되어 있는 공들 안에 선택한 공을 대소 관계가 올바른 위치에 삽입하는 것이 기본 동작으로, 이를 끝 쪽부터 순서대로 반복해 나감으로써 전체를 오름차순 또는 내림차순으로 정렬한다. 이렇게 이야기해도 감이 오지 않을 것이므로 실제로 절차를 밟아 나가면서 설명한다.

🟦 첫 번째 칸의 공을 올바른 위치에 삽입하기

단순 삽입법에서는 공을 '정렬된 공'과 '아직 정렬되지 않은 공'으로 나누어 생각해 보자. 정렬을 시작하기 전의 단계에서는 0번 칸에 들어 있는 '정렬된 공'이고, 첫 번째부터 네 번째 칸에 들어 있는 공은 '아직 정렬되지 않은 공'이다.

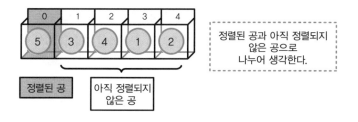

정렬된 공과 아직 정렬되지
않은 공으로
나누어 생각한다.

정렬된 공 | 아직 정렬되지
않은 공

아직 아무것도 하지 않은 단계에서 '정렬된' 공이 존재하는 이유는 정렬된 공이 하나도 없으면 대소를 비교할 대상이 없기 때문이다. 따라서 정렬되지 않은 공을 정확한 위치에 삽입할 수 없기 때문에 우선 0번 칸의 공을 '정렬되었다.'라고 간주하는 것이다.

정렬은 정렬되지 않은 공 중에서 가장 왼쪽의 칸에 들어 있는 공부터 정렬된 공의 올바른 위치에 삽입하는 방법을 사용한다. 현재 정렬되지 않은 공의 가장 왼쪽 칸인 1번 칸에는 3이라는 공이 들어 있다. 이 공을 '정렬된 공'의 올바른 위치에 삽입한다. '정렬된 공'은 0번 칸의 5다. 정확한 위치는 이 공의 앞이 된다. 그러므로 3인 공을 5인 공의 앞에 삽입한다.

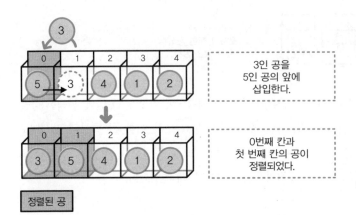

3인 공을
5인 공의 앞에
삽입한다.

0번째 칸과
첫 번째 칸의 공이
정렬되었다.

정렬된 공

0번째 칸의 앞에는 칸이 없기 때문에 5인 공은 하나 뒤의 칸으로 이동하고, 3인 공을 0번째 칸에 넣는다. 이제 0번째 칸과 첫 번째 칸의 공이 '정렬된' 상태가 되었다.

■ 두 번째 칸의 공을 올바른 위치에 삽입하기

다음으로 2번 칸에 들어 있는 4인 공을 '정렬된 공' 중에서 올바른 위치에 삽입한다. 이 시점에서 '정렬된 공'은 0번 칸의 3과 1번 칸의 5이므로 올바른 위치라면 3의 뒤, 5의 앞이다. 4인 공을 5인 공의 앞에 삽입한다.

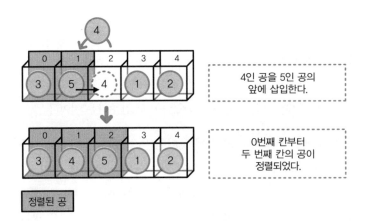

4인 공을 5인 공의
앞에 삽입한다.

0번째 칸부터
두 번째 칸의 공이
정렬되었다.

정렬된 공

앞에서와 마찬가지로 5인 공은 하나 뒤의 칸으로 이동하고, 4인 공은 1번 칸에 넣는다. 이제 0번 칸에서 두 번째 칸까지 공이 '정렬된' 상태가 되었다.

■ 세 번째 칸의 공을 올바른 위치에 삽입하기

이제 3번 칸에 들어 있는 1인 공을 '정렬된 공' 중에서 올바른 위치에 삽입한다. '정렬된 공'은 0번 칸의 3과 1번 칸의 4, 2번 칸의 5다. 올바른 위치는 3의 앞이므로 1인 공을 3인 공의 앞에 삽입한다.

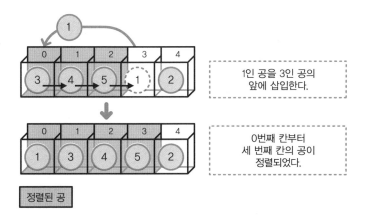

1인 공을 3인 공의
앞에 삽입한다.

0번째 칸부터
세 번째 칸의 공이
정렬되었다.

정렬된 공

3, 4, 5인 공은 각각 1개씩 뒤쪽 칸으로 이동하고, 빈 0번 칸에 1인 공을 넣는다. 이제 0번 칸에서 3번 칸까지의 4개 공이 '정렬된' 상태가 되었다.

■ 네 번째 칸의 공을 올바른 위치에 삽입하기

마지막으로 네 번째 칸에 들어 있는 2인 공을 '정렬된 공' 중에서 올바른 위치에 삽입한다. 이미 0번 칸부터 3번 칸까지는 '정렬된' 상태다. 2인 공의 올바른 위치는 3인 공의 앞이므로 그곳에 삽입한다.

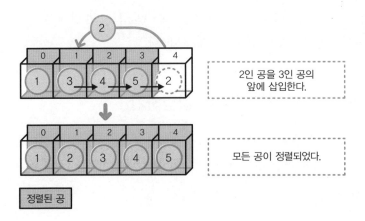

2인 공을 3인 공의
앞에 삽입한다.

모든 공이 정렬되었다.

정렬된 공

3, 4, 5인 공은 뒤쪽으로 이동하고, 2인 공을 1번 칸에 넣는다. 이제 모든 공이 '정렬된' 상태가 되어 오름차순 정렬이 완료되었다.

다음에는 이 처리 절차를 어떻게 알고리즘으로 구현할 것인지 생각해 보자.

2 단순 삽입법의 알고리즘

그림으로 단순 삽입법의 개념을 잡았으므로, 이번에는 그 알고리즘을 순서도로 생각해 보자.

■ 배열의 설정

먼저 배열을 준비한다. 정수형 배열로 배열 이름은 array, 요소 수는 5개다. 첨자는 0에서 4까지로 한다. 각 요소의 초깃값은 array[0]이 5, array[1]이 3, array[2]가 4, array[3]가 1, array[4]가 2다. 이 5개의 데이터를 단순 삽입법에 따라 오름차순으로 정렬해 나가는 과정을 살펴보자.

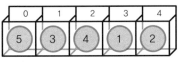

변수에 대해서는 지금의 시점에서 어떤 변수가 필요한지 모르기 때문에 필요할 때마다 순차적으로 준비하면 된다.

■ array[1]의 데이터를 올바른 위치에 삽입하고 싶다

첫 번째 단계에서 정렬된 것은 array[0]의 5뿐이다. 우선 array[1]의 데이터 3을 정렬된 데이터 안의 올바른 위치에 삽입한다.

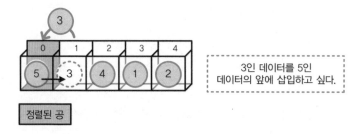

3인 데이터를 5인 데이터의 앞에 삽입하고 싶다.

가장 먼저, 정수형 변수 x를 준비하고 지금부터 삽입할 array[1]의 데이터를 이 변수에 대입한다. 이 처리는 실제로 우리가 책장의 책을 정렬하려고 할 때와 마찬가지로 한 권의 책을 손에 들고 그 책을 어디에 넣을지를 생각하는 것과 같다.

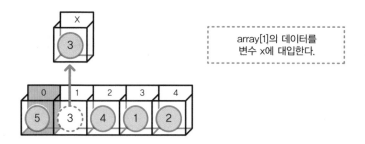

array[1]의 데이터를 변수 x에 대입한다.

변수 x에 데이터를 대입했으므로 array[1]은 다른 데이터를 대입하여 덮어써도 상관없는 상태다. 이른바 '비어 있는' 것과 같은 상태인 것이다. 이처럼 다른 요소나 변수에 값을 복사하거나 이동하여 대입을 끝낸 상태가 된 요소를 앞으로 '빈 요소'라고 부르기로 한다(실제로는 아직 array[1]에 3이라는 데이터가 들어 있지만, 이해를 돕기 위해 '빈'이라고 표현한다).

어느 요소가 '빈 요소'인지 알 수 있도록 정수형 변수 k를 준비하여 '빈 요소'의 첨자를 대입해 둔다. 즉, k는 그때마다 '빈 요소'의 첨자를 나타내는 것이다. 이 시점에서는

array[1]이 '빈 요소'이므로 k에 1을 대입한다.

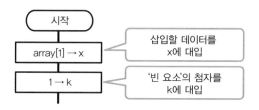

그런 다음, x의 데이터와 '빈 요소'의 하나 앞에 있는 요소의 데이터를 어느 것이 큰지 서로 비교한다.

x의 데이터는 3, '빈 요소'의 하나 앞에 있는 요소인 array[0]의 데이터는 5로 서로 비교해 보면 순서가 오름차순으로 되어 있지 않다. 그러므로 3은 5보다 앞의 요소에 들어가야 하기 때문에 5는 하나 뒤의 '빈 요소'로 이동한다.

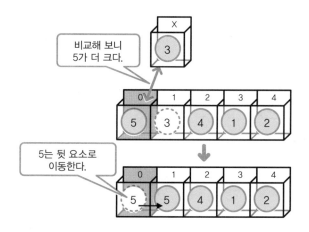

이 시점에서 '빈 요소'는 array[0]이 되었으므로 k에 k-1을 대입하여 '빈 요소'가 array[0]이라는 것을 알 수 있도록 해야 한다.

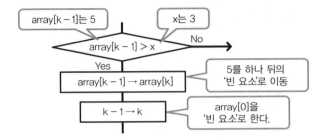

'빈 요소'가 배열의 맨 앞까지 왔으므로 앞에는 이제 더 이상 정렬된 데이터가 없다. 따라서 x에 들어 있는 데이터를 '빈 요소'에 대입하면 첫 번째의 삽입이 완료된다.

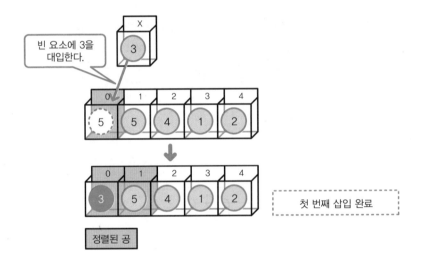

다음 그림은 지금까지의 처리 절차를 순서도로 정리한 것이다.

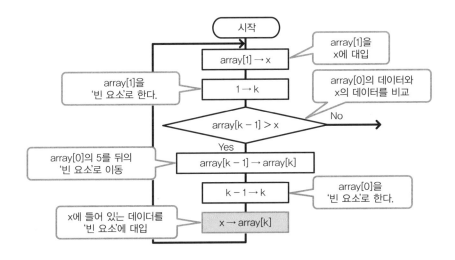

array[2]의 데이터를 올바른 위치에 삽입하고 싶다

자, 다음은 array[2]의 데이터를 정렬된 데이터 안의 올바른 위치에 삽입해 보자.

방금 전의 순서도에서 array[1]로 되어 있던 곳을 array[2]로 치환하고자 하는 것인데, 이 첨자는 앞으로도 하나씩 증가한다. 이 경우에 변수를 사용한다고 했다. 첨자를 정수형 변수 i로 바꾼다.

i의 초깃값은 1로, 삽입이 끝난 단계에서 i를 하나 증가하여 삽입 과정을 반복하도록 반복 구조로 변경한다. 종료 조건은 i < 5(i는 5보다 작은가?)로 정한다. 이는 i의 최댓값이 array[4]의 4로, 5가 될 수 없기 때문이다. i가 5되었을 때는 오름차순 정렬은 모두 끝나 있을 것이기 때문에 만약을 위해 출력한 후에 종료하는 것으로 한다.

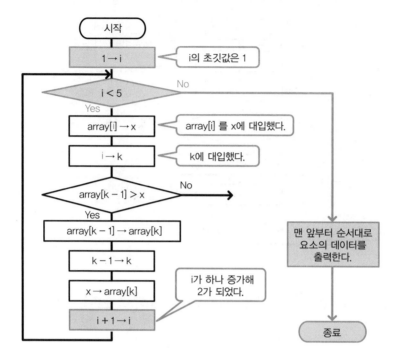

i가 2가 된 부분부터 처리를 확인해 보자.

● **array[2]와 array[1]을 비교한다**

먼저 앞에서와 마찬가지로 array[i](i는 2) → x의 처리에서 array[2]의 데이터를 변수 x에 대입한다. i → k에서 k에 2를 대입하여 array[2]는 '빈 요소'가 되었다.

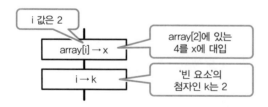

이 다음 처리는 x에 대입한 4와 array[1]의 5를 비교하는 처리다. 이 둘을 비교하면 5가 크기 때문에 5를 하나 뒤의 요소로 이동한다.

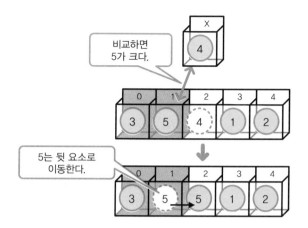

5를 이동했기 때문에 array[k-1](k는 2)를 '빈 요소로 지정하기 위해 k-1 → k로 처리한다. k가 2에서 1로 되어 빈 요소가 array[2]에서 array[1]로 바뀌었다. 하지만 여기서 문제가 발생한다. 아래 그림에 있는 '여기가 이상하다!'를 보길 바란다. k-1 → k의 다음의 처리가 아직 x → array[k]로 되어 있다. 이런 상태라면 아직 x와 array[0]의 비교 처리가 끝나지 않았음에도 array[1]에 x의 데이터 4가 대입된다.

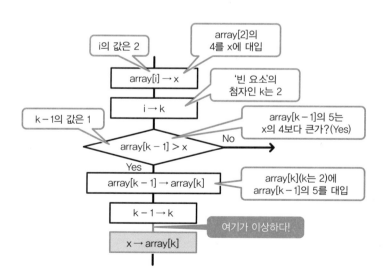

● '빈 요소'의 하나 앞 요소와 x의 비교 처리를 반복 구조로 하기

k-1 → k로 k가 1이 된 후에는 다시 array[k-1] > x의 비교 처리로 되돌아가 array[0]과 x
를 비교할 수 있도록 반복 구조로 하고 싶다. 어떻게 변경하면 좋을지 생각해 보자. 일
단 k-1 → k에서 나오는 화살표의 목적지를 array[k-1] > x로 가지고 간다. 반복 구조라
는 것은 종료 조건이 필요하다. 이 경우에는 k 값을 확인하는 것이 좋다.

k는 '빈 요소'의 첨자를 나타낸다. k가 2, 1, 0의 순서로 하나씩 줄어 든다. k가 0이 된
다는 것은 '빈 요소' array[k]가 맨 앞의 요소 array[0]이라는 것을 나타낼 때이므로
더 이상 이전의 요소가 존재하지 않는다. 즉, k가 0이 된 경우에는 x의 삽입 위치가
array[0]의 밖에 있을 수 없기 때문에 꺼내 놓은 x의 데이터를 array[k]에 대입한다.

이와 반대로 k가 0보다 큰 동안에는 '빈 요소'의 하나 앞에 있는 요소(array[k-1])와 x와
의 비교 처리를 반복하도록 하고 싶다. 따라서 조건식은 k > 0(k는 0보다 큰가?)으로 정하
자. 이것이 Yes인 경우는 k를 1개씩 앞으로 이동하면서(k-1 → k) 비교 처리를 반복 실행
하고, No인 경우에는 x의 데이터를 array[k]에 대입한다.

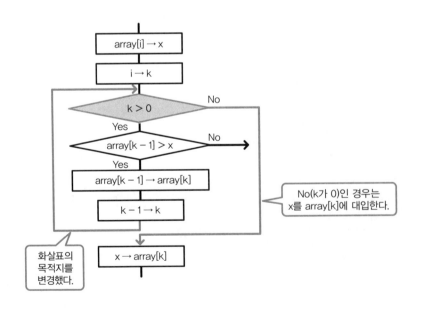

● x에 들어 있는 array[2]의 데이터와 array[0] 비교하기

비교 처리는 반복 구조로 변경할 수 있으므로 array[2]의 데이터가 들어 있는 x와 array[0]의 비교 처리로 이동한다.

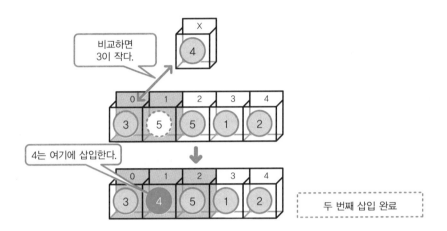

x에 꺼내 놓은 4를 array[0]의 3과 비교해 본다. 3이 작기 때문에 4를 3의 뒤에 있는 빈 요소에 삽입하는 처리다. 이를 순서도로 확인해 보자.

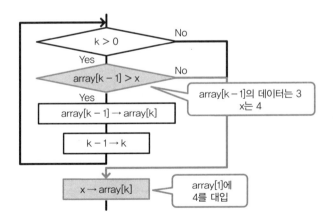

그림에서 array[k-1] > x의 선택 처리를 보길 바란다. 여기서 array[k-1]은 array[0]을 말하며, 안의 데이터는 3이다. 한편 x는 4이므로 array[k-1] > x의 조건식은 No가 된다.

No인 경우, x의 데이터를 '빈 요소'인 array[k]에 대입한다. 이것이 x → array[k]의 처리다. 이 시점의 array[k]는 array[1]이기 때문에 여기에 4를 대입한다. 이제 세 번째 요소까지 정렬이 완료되었다.

■ array[3] 이후의 데이터를 올바른 위치에 삽입하고 싶다

지금까지 거의 모든 처리와 절차를 만들었기 때문에 나머지 array[3]과 array[4]도 이와 같은 방식으로 처리할 수 있을 것이다. i가 5가 될 때까지 이 과정을 반복하면 맨 앞부터 array[0] = 1, array[1] = 2, array[2] = 3, array[3] = 4, array[4] = 5와 같이 데이터가 오름차순으로 정렬된다. 실행 결과가 정확한지 확인할 수 있도록 종료 직전에 '맨 앞부터 순서대로 요소의 데이터를 출력한다.'라는 처리를 실행하도록 해 둔다.

완성된 알고리즘의 순서도는 다음과 같다.

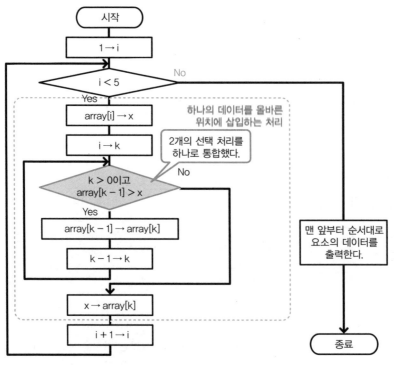

● 단순 삽입법의 알고리즘(순서도)

이전 순서도의 중간쯤에 있던 k > 0이라는 선택 처리와 array[k-1] > x라는 선택 처리는 모두 No인 경우에 같은 처리를 할 수 있으므로 하나로 통합했다. 모두 Yes인 경우에만 Yes를 수행하고 싶기 때문에 2개의 조건식은 '이고(AND)'로 연결한다. 이렇게 하면 둘 중 하나가 No의 경우는 'k > 0이고, array[k-1] > x'가 No가 된다.

■ 알고리즘을 의사 언어로 작성하기

단순 삽입법의 경우 단순이라는 이름이 붙어 있긴 하지만, 꽤 복잡한 느낌이 든다. 마지막으로, 알고리즘을 의사 언어로 작성해 보자. 작성하는 데 특별히 어려운 점은 없다. 순서도로 만든 처리를 하나씩 확인하면서 의사 언어로 옮기면 된다.

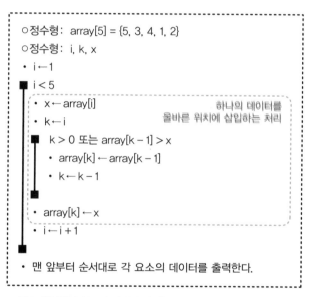

```
○정수형:  array[5] = {5, 3, 4, 1, 2}
○정수형:  i, k, x
•  i ← 1
■  i < 5
    •  x ← array[i]              하나의 데이터를
    •  k ← i                올바른 위치에 삽입하는 처리
    ■  k > 0 또는 array[k – 1] > x
        •  array[k] ← array[k – 1]
        •  k ← k – 1

    •  array[k] ← x
•  i ← i + 1
•  맨 앞부터 순서대로 각 요소의 데이터를 출력한다.
```

● **단순 삽입법의 알고리즘(의사 언어)**

단순 삽입법은 요소를 하나씩 차례대로 올바른 위치에 삽입해 나감으로써 전체를 오름차순 또는 내림차순으로 정렬하는 알고리즘이다. 정렬의 실행 속도는 그다지 빠르지 않기 때문에 데이터가 많은 경우에는 적합하지 않지만, 정렬을 하기 전에 데이터가 어느 정도 오름차순 또는 내림차순으로 되어 있으면 고속 처리를 기대할 수 있다.

제7~9장에서 정렬 알고리즘의 기본형이라고도 말할 수 있는 단순 선택법, 단순 교환법, 단순 삽입법을 살펴보았다. 이 세 가지 중에서 단순 삽입법이 평균적으로 가장 속도가 빠르다고 알려져 있다. 하지만 실행 환경 및 코딩, 정렬할 데이터의 데이터형에 좌우되기 때문에 엄밀하게 말해서 모든 것들 중에서 가장 빠르다고는 말할 수 없다. 어쨌든 3개의 알고리즘 모두 일단 미리 익혀 두어야 할 기본 알고리즘이므로 아직 제대로 이해되지 않는 부분이 있다면 복습해 두자.

퀵 정렬

Algorithm

1 퀵 정렬의 개념을 파악하자

POINT!

- 데이터를 정렬하는 정렬 알고리즘 중 하나다.
- 데이터를 대소 그룹의 둘로 나누어 분해한 후 전체를 정렬하는 방식의 알고리즘이다.
- 실행 속도가 빠른 것이 특징이다.

퀵 정렬은 '퀵(quick, 빠른)'이라는 이름에서도 알 수 있듯이, 처리 속도가 빠른 정렬 알고리즘이다. 이 정렬은 대량의 데이터를 정렬할 때 자주 사용된다. 유명한 정렬 알고리즘 중에서도 실제로 사용되는 빈도가 높은 가장 중요한 알고리즘이기도 하다.

퀵 정렬은 '기준값을 선택한 후 그보다 작은 데이터 그룹과 큰 데이터 그룹으로 나눈다.'라는 처리를 반복 수행하여 데이터를 정렬하는 알고리즘이다. 지금까지의 정렬 알고리즘에 비해 다소 어려워 보이기도 하지만, 하나하나의 단계는 지금까지 배운 지식으로 충분히 이해할 수 있다.

■ 퀵 정렬로 공을 오름차순으로 정렬해 보자

9개의 칸으로 구분된 상자가 있다. 각 칸에는 0에서 8까지 번호가 매겨 있고, 각 칸에 숫자를 쓴 공이 1개씩 들어 있다. 맨 앞부터 순서대로 5, 4, 7, 6, 8, 3, 1, 2, 9의 공이 들어 있다. 이 9개의 공을 오름차순으로 정렬하고자 한다.

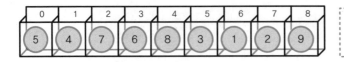

퀵 정렬은 어떠한 정렬 방식인지 대략적인 개념을 잡아 보자.

■ 맨 앞의 5를 기준으로 공을 대소로 나누기

퀵 정렬에서는 우선 정렬의 기준이 되는 공을 선택한다. 어떤 방법을 선택하더라도 상관없지만, 선택을 결정하는 방법은 정렬을 시작부터 끝까지 같은 방법을 사용해야 한다. 이번에는 정렬 범위의 맨 앞에 있는 공을 기준으로 선택하는 방법을 사용한다. 첫 번째 기준은 5번 공이다.

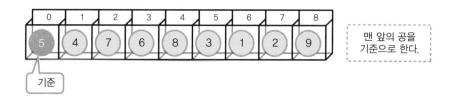

맨 앞의 공을
기준으로 한다.

기준

그런 다음, 5보다 작은 공을 5의 앞으로 이동하고, 5보다 큰 공은 5의 뒤로 이동한다. 어떤 절차로 이동할 것인지는 나중에 자세히 살펴보기로 하고, 여기에서는 우선 이동했다고 가정하자. 세세한 것은 빼고 처리의 개념을 잡길 바란다.

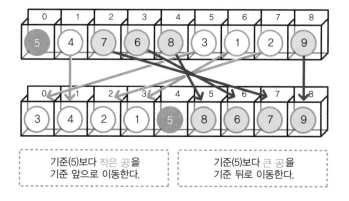

기준(5)보다 작은 공을
기준 앞으로 이동한다.

기준(5)보다 큰 공을
기준 뒤로 이동한다.

5보다 작은 공은 모두 5보다 앞에 있고, 5보다 큰 공은 5보다 뒤에 있다. 여기까지는 기준이 된 5번 공만이 올바른 위치, 즉 네 번째 칸(앞에서부터 다섯 번째)에 정착했다. 앞으로 5번 공은 더 이상 건드리지 않아도 된다는 뜻이다.

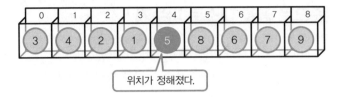

위치가 정해졌다.

다음은 5보다 작은 공의 그룹과 5보다 큰 공의 그룹에 대해 각각 지금 실행한 정렬과 똑같은 작업을 수행한다.

■ 맨 앞의 3을 기준으로 공을 대소로 나누기

5보다 작은 공의 그룹부터 살펴보자. 이번에도 역시 맨 앞에 있는 공을 기준으로 선택한다. 따라서 3번 공이 기준이 된다. 3보다 작은 공을 3의 앞으로 이동하고, 3보다 큰 공을 3의 뒤로 이동한다.

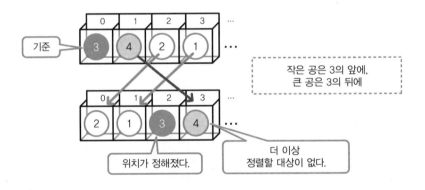

기준

작은 공은 3의 앞에,
큰 공은 3의 뒤에

위치가 정해졌다.

더 이상
정렬할 대상이 없다.

이 정렬로 3번 공의 위치가 확정되었다. 또한, 3번 공의 뒤에는 4번 공밖에 없기 때문에 4도 더 이상 정렬할 필요가 없다.

■ 맨 앞의 2를 기준으로 공을 대소로 나누기

3번 공보다 앞에 있는 공이 아직 여러 개 남아 있기 때문에 똑같은 요령으로 정렬한다. 이번에도 맨 앞에 있는 공, 즉 2를 기준으로 선택한다. 2보다 작은 공을 2의 앞으로 이동하고, 2보다 큰 공을 2의 뒤로 이동한다.

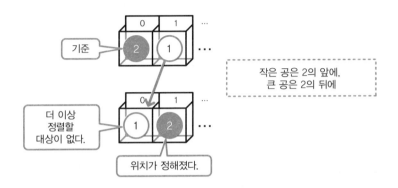

이 정렬로 2번 공의 위치가 확정되었다. 또한, 2의 앞에는 1번 공밖에 없으므로 1도 더 이상 정렬할 필요가 없다. 이를 정리하면 지금까지의 정렬로 1에서 5까지의 공이 오름차순으로 정렬되었음을 알 수 있다.

■ 맨 앞에 있는 8을 기준으로 공을 대소로 나누기

5보다 작은 공은 오름차순으로 정렬을 완료하였으므로 이번에는 다른 쪽에 있는 5보다 큰 공도 똑같은 방법으로 정렬해 보자. 가장 먼저 5보다 큰 공의 그룹에서 맨 앞에 있는 공을 선택한다. 여기에서는 8번 공이 기준이 된다. 8보다 작은 공을 8의 앞으로 이동하고, 8보다 큰 공을 8의 뒤로 이동한다.

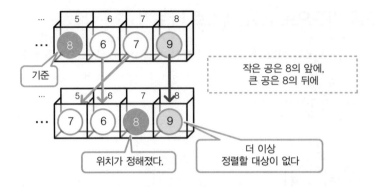

작은 공은 8의 앞에,
큰 공은 8의 뒤에

기준

위치가 정해졌다.

더 이상
정렬할 대상이 없다

8의 위치가 확정되었다. 그리고 8의 뒤에는 9번 공밖에 없으므로 9도 위치가 확정되었다.

앞의 7을 기준으로 공을 대소로 나누기

8의 앞에는 아직 공이 2개 더 있다. 앞과 똑같은 방법으로 정렬한다. 먼저 맨 앞에 있는 7번 공을 기준으로 선택한다. 7보다 작은 공을 7보다 앞으로 이동하고, 7보다 큰 공을 7보다 뒤로 이동한다.

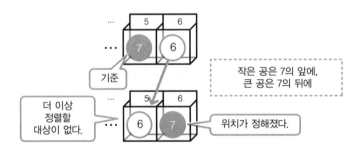

작은 공은 7의 앞에,
큰 공은 7의 뒤에

기준

더 이상
정렬할
대상이 없다.

위치가 정해졌다.

이 정렬로 7번 공의 위치가 확정되었다. 또한, 7의 앞에는 6밖에 없기 때문에 이것도 확정이다. 이제 5보다 큰 공도 오름차순으로 정렬되어 모든 공이 오름차순으로 정렬되었다.

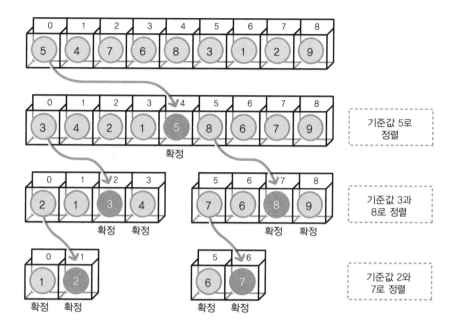

기준값 5로
정렬

기준값 3과
8로 정렬

기준값 2와
7로 정렬

앞에서 살펴본 바와 같이 퀵 정렬은 '기준값을 선택한 후 그보다 작은 공 그룹과 큰 공 그룹으로 나눈다.'라는 과정을 반복함으로써 모든 공을 정렬하는 알고리즘이다. 동작 자체는 그다지 어려운 점이 없었을 것이라 생각한다. 다음은 이를 알고리즘으로 만들어 보자.

2 퀵 정렬의 알고리즘

POINT!

• 퀵 정렬은 크게 2개의 처리로 구성되어 있다.

그림을 통해 퀵 정렬의 개념을 잡았으므로 이번에는 알고리즘을 생각해 보자. 앞의 예에서 보았듯이 퀵 정렬은 다음과 같이 두 가지 처리로 이루어져 있다.

① 기준값을 경계로 데이터를 대소로 나누는 처리

② 나눈 데이터에 대해 반복적으로 똑같은 작업 실행하기

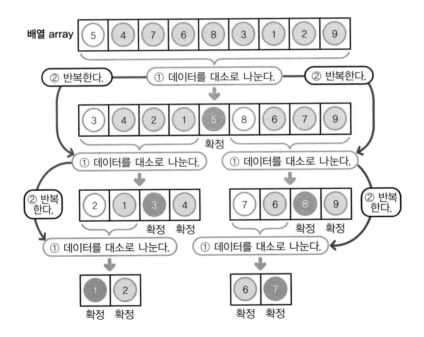

먼저 기준값을 경계로 데이터를 대소로 나누는 처리부터 시작해 보자. 이것이 퀵 정렬에서 중심적인 역할을 하는 처리다.

기준값을 경계로 데이터를 대소로 나누는 처리

POINT!

• 퀵 정렬의 핵심은 데이터를 대소로 나누는 처리다.
• 배열의 왼쪽과 오른쪽부터 각각 변수를 움직여 대소로 정렬한다.

기준값보다 작은 공을 기준값의 앞으로 이동시키고, 큰 공은 뒤로 이동시키는 것은 퀵 정렬의 초석이 되는 처리다. 이 처리부터 살펴보자.

이번에는 의사 언어를 주로 하고, 순서도는 보조로 사용하는 형태로 진행한다. 그 이유는 순서도 전체를 다시 작성하면 오히려 복잡해지고, 어려워지기 때문이다. 알고리즘의 기술은 일반적으로 순서도 쪽이 그림이기 때문에 이해하기 쉽지만, 알고리즘에 따라 장단점이 있으므로 의사 언어 또는 프로그래밍 언어로 작성하는 것이 오히려 간단하고 알기 쉬워 보이는 알고리즘도 있다.

■ 배열의 설정

먼저 배열을 준비한다. 이는 정수형 배열로, 배열명은 array이고 요소 수는 9개다. 첨자는 0부터 8까지로 한다. 이 배열에는 다음과 같은 데이터가 초깃값으로 들어 있다. 이 9개의 데이터를 퀵 정렬에 의해 오름차순으로 정렬하는 과정을 살펴보자.

변수의 설정

다음은 정수형 변수를 5개 준비한다. 여기서 중요한 역할을 하는 것은 i와 k다.

left: 정렬 범위에 있어 맨 앞 요소에 첨자를 넣는 변수

right: 정렬 범위의 맨 끝 요소에 첨자를 넣는 변수

i: 기준값보다 큰 요소를 찾기 위한 변수

k: 기준값보다 작은 요소를 찾기 위한 변수

w: 데이터 교환용 변수

이 다섯 가지를 사용하여 어떻게 대소로 나누어 정렬이 진행해 나가는지 알아보자. 우선 left와 right에 각각 정렬 범위 맨 앞 요소의 첨자와 마지막 요소의 첨자를 대입한다. 이번에는 0 → left, 8 → right가 된다. 기준값은 맨 앞 요소로 하기 때문에 변수 left를 사용하여 array[left]라고 표현한다. 그리고 i에 left의 하나 오른쪽에 해당하는 첨자(left + 1)를 대입하고, k에 right를 대입한다.

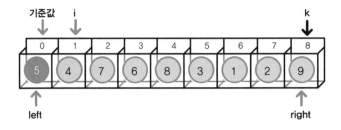

여기까지가 준비 단계다. 이제 작업을 시작해 보자.

변수 i를 사용하여 기준값보다 큰 요소를 찾기

i는 '기준값보다 큰 요소를 찾는 변수'다. 현재 위치에서 하나씩 오른쪽으로 이동하면서 기준값보다 큰 요소가 있는지 확인하고, 발견되면 그곳에서 멈춘다. 찾을 때는 조건식을 사용한다. array[i] > array[left](그 요소는 기준값보다 큰가?)로 하고 싶겠지만, 여기에서

는 큰 요소를 찾을 때까지 i를 하나씩 늘려 나가는 반복 구조를 사용하고 있기 때문에 조건식을 array[i] < array[left](그 요소는 기준치보다 작은가?)이고 i < right(i는 right보다 작은가?)로 하여 Yes인 경우 i를 가산해 나가는 처리를 실행하는 방식의 구조로 한다. 이렇게 하면 기준값 이상(크거나 같음)의 array[i]가 발견된 시점 또는 i가 오른쪽 끝에 도달하는 시점에서 반복을 종료하고 i의 이동을 멈춘다. 다음 그림은 이를 순서도와 의사 언어로 표현한 것이다.

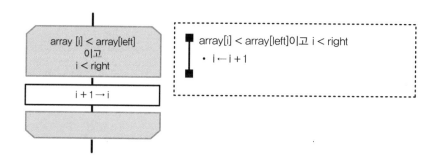

이번에는 i가 2가 된 시점에서 array[left]보다 큰 데이터를 찾았다.

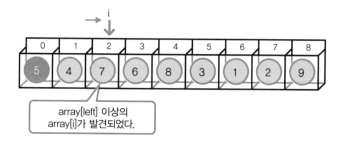

기준값보다 큰 요소를 발견했기 때문에 i는 일단 여기에서 멈춘다. 그리고 반대쪽 변수 k의 처리로 이동한다.

■ 변수 k를 사용하여 기준값보다 작은 요소 찾기

변수 k는 기준값보다 작은 요소를 찾는다. 방금 전의 i와는 반대로 기준값보다 작은 요소를 찾을 때까지 하나씩 왼쪽으로 이동한다. 조건식을 array[k] ≧ array[left](그 요소는 기준값 이상인가?)이고 k > left(k는 left보다 큰가?)로 하여 Yes인 경우 k를 감산해 나가는 처리를 실행하는 방식의 구조로 한다. 이렇게 하면 기준값보다 작은 array[k]가 발견된 시점 또는 k가 맨 앞에 이르렀을 때 반복을 종료하고, k는 여기에서 멈춘다. 다음 그림은 이를 순서도와 의사 언어로 표현한 것이다.

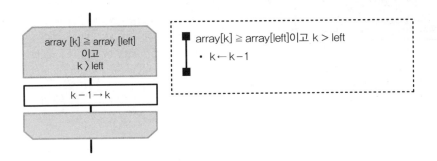

여기서는 k가 7이 된 시점에서 array[left]보다 작은 데이터를 찾았다.

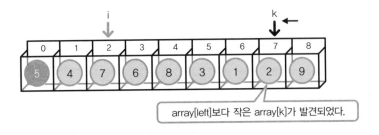

array[left]보다 작은 array[k]가 발견되었다.

기준값보다 작은 요소를 발견했기 때문에 k도 여기에서 멈춘다. i와 k는 각각 자신이 찾아야할 데이터를 발견했기 때문에 다음 처리로 이동한다.

큰 데이터와 작은 데이터 교환하기

여기까지의 처리로 array[i]는 기준값보다 큰 데이터가 들어 있고, array[k]는 기준값보다 작은 데이터가 들어 있다는 것을 알 수 있다. 이제 이 두 가지 데이터를 교환하여 위치를 바꾼다. i와 k의 위치는 그대로다.

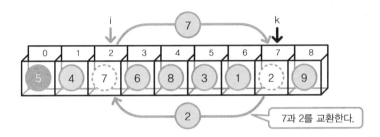

데이터를 교환하는 처리는 지금까지 여러 번 나왔다. 정수형 변수 w를 준비하여 교환 처리를 한다. 여기까지가 한 덩어리의 처리다.

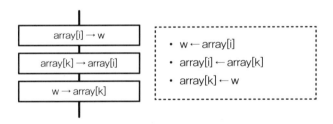

데이터를 찾아 교환하는 처리 반복하기

지금까지의 처리를 i와 k가 엇갈릴 때까지 반복하여 교환을 진행한다. 반복을 계속하는 조건은 i가 k보다 작을 동안(i < k)이다.

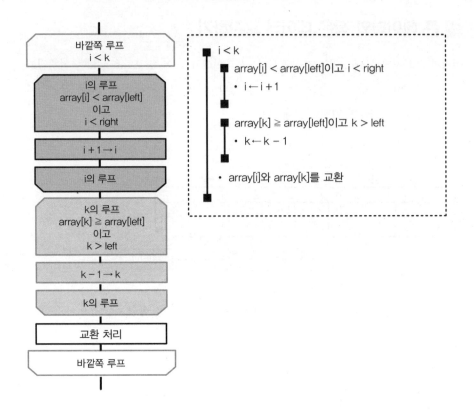

앞의 처리에서 7과 2의 교환이 끝났다. 하지만 i와 k는 여전히 엇갈리지 않았으므로 반
복 처리를 계속해 앞과 같은 방법으로 교환을 실시한다.

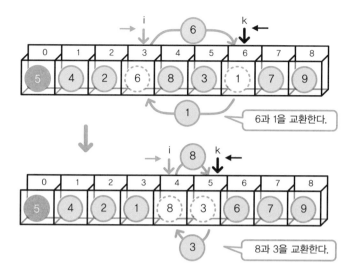

6과 1을 교환한다.

8과 3을 교환한다.

이어서 6과 1을 교환하고 8과 3을 교환했다. 그리고 다음 반복 처리에서 i는 기준값보다 큰 데이터 8을 발견하고, k는 기준값보다 작은 데이터 3을 발견한다.

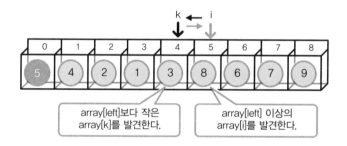

array[left]보다 작은
array[k]를 발견한다.

array[left] 이상의
array[i]를 발견한다.

그러나 이 교환을 실행하면 8이 3보다 앞으로 이동하는 이상한 일이 발생한다. 이를 방지하기 위해 교환 처리를 선택 구조로 한다. 조건식은 i < k(i가 k보다 작을 동안)로 한다. 이렇게 하면 i가 k보다 커진 시점에서는 교환 처리가 실행되지 않는다.

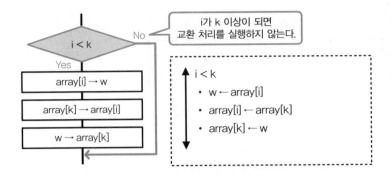

현재 i와 k는 엇갈려서 i가 k보다 커진 상태다. 바깥쪽 루프의 조건식인 i < k를 충족하지 않으므로 다음의 바깥쪽 루프의 반복은 실시하지 않는다. 바깥쪽 루프를 빠져나간 다음의 처리를 생각해 보자.

■ 기준값을 작은 데이터와 큰 데이터의 중앙으로 이동한다

i가 k보다 커진 시점에서 기준값보다 작은 데이터(4, 2, 1, 3)는 왼쪽으로, 큰 데이터(8, 6, 7, 9)는 오른쪽으로 모인 상태다. 앞으로 할 일은 기준값의 데이터를 이 두 그룹의 중앙으로 가져가는 것이다. 이를 위해서는 기준값 데이터를 작은 그룹의 가장 오른쪽 데이터와 교환하면 될 것이다. 기준값은 첫 번째 요소이므로 array[left]와 array[k]를 교환한다.

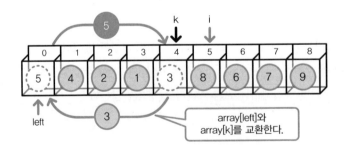

이제 첫 번째 정렬이 끝나고, 정리한 의사 언어를 살펴보자.

○ 정수형 : array[9] = {5, 4, 7, 6, 8, 3, 1, 2, 9}

○ 정수형 : left, right, i, k, w

- left ← 0
- right ← 8
- i ← left + 1
- k ← right

■ i < k

  ■ array[i] < array[left] 또는 i < right

  - i ← i + 1

  ■ array[k] ≧ array[left] 또는 k > left

  - k ← k − 1

  ▲ i < k

  - w ← array[i]
  - array[i] ← array[k]
  - array[k] ← w

- w ← array[left]
- array[left] ← array[k]
- array[k] ← w

4 나눈 데이터에 다시 한 번 같은 처리를 실행하는 처리

POINT!

- '기준값을 경계로 데이터를 대소로 나누는 처리'를 보조 프로그램으로 한다.
- 보조 프로그램 안에서 재차 보조 프로그램을 사용함으로써 반복 처리를 실행한다.

처음에 그림으로 살펴본 바와 같이 퀵 정렬은 똑같은 처리를 반복함으로써 데이터를 정렬하는 알고리즘이다. 모든 데이터에 대해 '기준값을 경계로 데이터를 대소로 나누는 처리'를 실행했다면 이번에는 작은 데이터 그룹과 큰 데이터 그룹에 대해서도 똑같은 작업을 수행한다.

기준값을 경계로 데이터를 대소로 나누는 처리에 'QuickSort'라는 이름을 붙이면, 퀵 정렬 전체의 처리는 이와 같은 흐름을 갖게 된다.

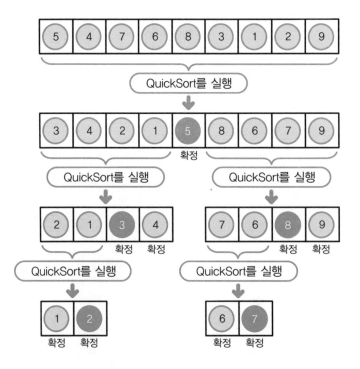

대소 데이터 그룹에 대해 QuickSort라는 처리를 반복 실행할 수 있는 구조는 어떻게 만들 수 있을까?

■ QuickSort를 보조 프로그램으로 한다

우선 QuickSort라는 처리에 약간의 수정을 가한다. QuickSort 처리를 정리하여 다른 프로그램에서 사용할 수 있는 프로그램의 형태로 만든다. 이 '다른 프로그램에서 사용할 수 있는 프로그램'을 '함수' 또는 '보조 프로그램'이라고 한다. 이 책에서는 '보조 프로그램'이라 부르기로 한다.

함수와 보조 프로그램

함수는 해시 탐색법에서도 알아본 적이 있다. 앞에서는 '함수는 어떤 값에 대해 그에 대응한 값이 계산되는 계산식이다.'라고 설명했는데, 사실 함수에는 좀 더 넓은 의미가 있다. 프로그래밍 용어에서는 프로그램에서 사용할 수 있는 작은 프로그램을 '함수'라고 한다. 의사 언어에서는 함수를 '보조 프로그램'이라고도 하며, 보조 프로그램을 사용하는 프로그램을 '주 프로그램'이라고 한다. 여기서 보조 프로그램은 '서브 루틴'이라고도 한다.

보조 프로그램은 주 프로그램으로부터 데이터를 입력 받아 처리하는데, 데이터를 입력 받을 준비로 미리 주 프로그램이 호출할 입력 전용의 변수를 선언할 필요가 있다. 이 데이터 입력용의 변수를 '인수(파라미터)'라고 한다. 인수는 하나가 아니라 여러 개 있을 수 있다.

인수에 데이터가 입력된 보조 프로그램은 자신의 알고리즘에 따라 데이터를 처리한다. 처리한 결과의 데이터는 주 프로그램 쪽에서 사용할 수 있도록 함수로부터 주 프로그램으로 출력할 수도 있다. 이때 출력되는 데이터를 '반환값(리턴값)'이라고 한다. 반환값은 필요에 따라 설정해도 되며, 반드시 설정해야 하는 것도 아니다.

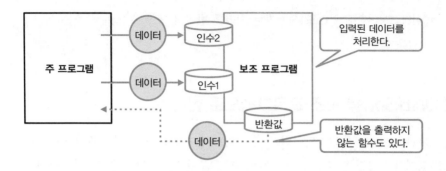

● 보조 프로그램으로 정의하려면?

어떤 처리를 보조 프로그램으로 정의하려면 그 처리에 보조 프로그램의 이름을 붙인 후 인수(및 반환값)를 설정하면 된다. 예를 들어, 이번에 사용하는 QuickSort를 그대로 보조 프로그램명으로 사용하기로 한다. 인수의 설정은 프로그램의 맨 처음에 다음과 같은 형식으로 기술한다.

```
프로그램: QuickSort(인수1, 인수2, ... )
```

인수는 앞 절에서 정의한 배열과 변수 중에서 정수형 배열 array와 정수형 변수 left, 정수형 변수 right를 사용한다. 이번에는 반환값을 사용하지 않는다.

또한, 보조 프로그램을 다시 보조 프로그램 안에 기술하여 사용함에 따라 배열 array의 선언과 초기화를 보조 프로그램의 외부에서 실시하는 형태로 수정했다. 이렇게 함으로써 보조 프로그램을 호출할 때마다 배열이 선언되고, 초기화되는 불필요한 낭비를 줄일 수 있다. 이와 같이 보조 프로그램이 공통적으로 사용하는 변수와 배열을 프로그램의 외부에 선언하는 방법을 '전역 선언'이라고 한다.

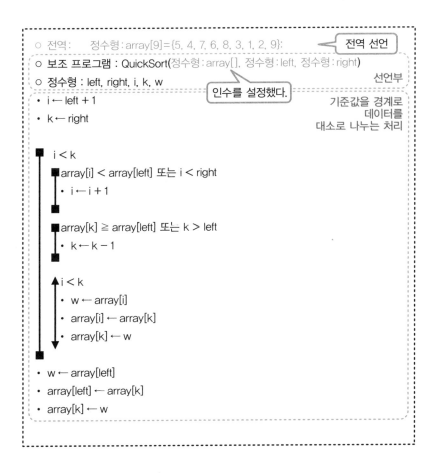

○ 전역: 정수형 : array[9]={5, 4, 7, 6, 8, 3, 1, 2, 9}; ← 전역 선언

○ 보조 프로그램 : QuickSort(정수형 : array[ ], 정수형 : left, 정수형 : right)

○ 정수형 : left, right, i, k, w

선언부

인수를 설정했다.

기준값을 경계로
데이터를
대소로 나누는 처리

• i ← left + 1
• k ← right

■ i < k
  ■ array[i] < array[left] 또는 i < right
    • i ← i + 1

  ■ array[k] ≧ array[left] 또는 k > left
    • k ← k − 1

  ▲ i < k
    • w ← array[i]
    • array[i] ← array[k]
    • array[k] ← w

• w ← array[left]
• array[left] ← array[k]
• array[k] ← w

이 QuickSort라는 보조 프로그램은 인수로 입력된 배열 데이터에 대해 지정된 범위(left 에서 right) 사이에서 '기준값을 선택하여 작은 데이터를 기준치 앞으로, 큰 데이터를 뒤로 이동하는 처리'를 수행하는 프로그램이다.

● 보조 프로그램을 사용하려면?

주 프로그램에서 보조 프로그램을 사용하는 경우에는 보조 프로그램명과 인수를 지정한다. 예를 들어, QuickSort라는 보조 프로그램에게 array라는 배열의 첨자 0에서 8까지의 요소에 대해 작업을 실행해 주길 원할 때는 다음과 같이 작성한다.

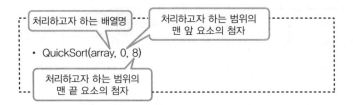

물론 인수에 변수를 사용할 수 있다. 이렇게 하면 기준값을 경계로 데이터를 대소로 나누는 처리가 실행된다.

■ QuickSort 안에서 QuickSort 사용하기

QuickSort를 보조 프로그램으로 만들면 편리하게 활용할 수 있다. QuickSort 안에서 QuickSort를 사용할 수도 있다. 보조 프로그램은 보조 프로그램 안에 기술하여 사용할 수 있으며, 별개의 보조 프로그램이 아니라 자기 자신을 사용할 수도 있다. 사용 방법은 다음과 같다.

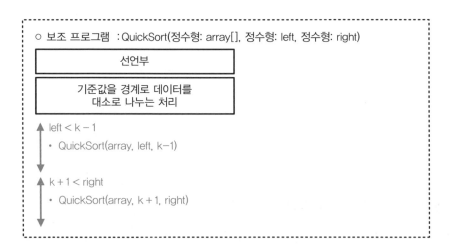

여기서 추가 기술한 QuickSort(array, left, k-1)와 QuickSort(array, k + 1, right)이 어떻게 동작하는지 구체적으로 살펴보자. 참고로, 각각을 둘러싸고 있는 선택 구조는 left가 k-1

보다 작은 경우 또는 right가 k+1보다 큰 경우에만 QuickSort를 실행하고, 그 밖의 경우에는 실행하지 않기 위한 처리다.

● QuickSort(첫 번째)

처음 실행된 QuickSort는 '기준값을 경계로 대소를 나누는 처리'를 마쳤기 때문에 5의 위치가 확정된다. 처리 직후의 left 값은 0, k 값은 4다.

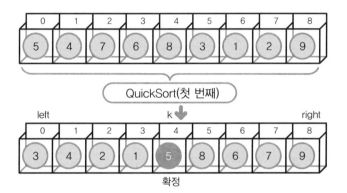

다음의 처리인 QuickSort(array, left, k-1)의 실행을 판단하는 조건식 left < k-1은 Yes이므로 QuickSort(array, left, k-1)의 left에 0을 대입하고, k에는 4를 대입한 QuickSort(array, 0, 3)을 호출하여 실행한다.

● QuickSort(두 번째)

호출된 QuickSort(array, 0, 3)은 첨자 0에서 첨자 3의 요소에 대해 '기준치를 경계로 하여 데이터를 대소로 나누는 처리'를 실행하여 데이터 3의 위치를 확정한다. 확정된 직후의 left 값은 0, k 값은 2다.

이 다음의 처리인 QuickSort(array, left, k-1)의 실행을 판단하는 조건식 left < k-1은 Yes이므로 left에는 0을 대입한 QuickSort(array, left, k-1)을 호출하여 실행하고, k에는 2를 대입한 QuickSort(array, 0, 1)을 호출하여 실행한다.

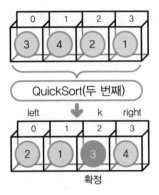

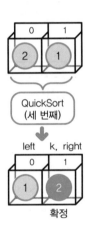

● QuickSort(세 번째)

호출된 QuickSort(array, 0, 1)은 첨자 0에서 첨자 1의 요소에 대해 '기준값을 경계로 데이터를 대소로 나누는 처리'를 수행하는데, 새로운 i가 1, k가 1로 QuickSort 실행 직후의 $i < k$가 No이므로 array[left](array[0])과 array[k](array[1])이 교환된다. 여기서 데이터 2의 위치가 확정된다.

그러나 여기서 주의가 필요하다. 만약, 이미 array[left] 쪽이 array[k]보다 작았을 경우, 자동으로 데이터를 교환하면 대소 관계가 뒤바뀐 채 확정되어 버린다. 그러므로 array[left]와 array[k]의 교환 처리를 다음과 같은 선택 구조로 해야 한다.

array[left] > array[k]
- w ← array[left]
- array[left] ← array[k]
- array[k] ← w

이것으로 이미 오름차순으로 되어 있으면(array[left] > array[k]가 No), 교환은 실행되지 않는다. 첨자 0부터 첨자 1의 요소가 확정된 직후의 left 값은 0이고, k 값은 1이다.

그런데 다음 QuickSort(array, left, k-1)의 실행을 판단하는 조건식 left < k-1이 No다. 그러므로 QuickSort(array, left, k-1)은 실행되지 않고, 여기에서는 데이터 1의 위치를 확정한 후 다음 처리인 QuickSort(array, k + 1, right)로 이동한다.

그러나 이 시점에서 k는 1이고, right도 1이므로 조건식 k + 1 < right는 No가 된다. 따라서 QuickSort(array, k + 1, right)는 실행되지 않고, 이것으로 세 번째 QuickSort의 처리가 모두 끝났다.

● QuickSort(두 번째)의 QuickSort(array, k+1, right)

다음은 QuickSort(두 번째)인 QuickSort(array, k + 1, right)다. 그러나 이 시점에서 k는 2, right는 3으로 QuickSort(array, k + 1, right)의 실행을 판단하는 조건식 k + 1 < right가 No다. 따라서 QuickSort(array, k + 1, right)는 실행되지 않는다. 데이터 4의 위치는 여기서 확정된다. 이것으로 QuickSort(두 번째)의 처리도 모두 끝났다.

● QuickSort(첫 번째)의 QuickSort(array, k+1, right)

QuickSort(두 번째)가 끝났으므로 이번에는 QuickSort(첫 번째)의 QuickSort(array, k + 1, right)로 되돌아간다. 이 시점의 k는 4이고, right는 8로 k + 1 < right는 Yes이므로 QuickSort(array, k + 1, right)의 k에 4를 대입하고, right에는 8을 대입하여 QuickSort(array, 5, 8)를 호출한다.

● QuickSort(네 번째)

QuickSort(array, 5, 8)은 첨자 5부터 첨자 8의 요소에 대해 '기준치를 경계로 데이터를 대소로 나누는 처리를 실행하고, 데이터 8의 위치를 확정한다. 이를 처리한 직후의 left 값은 5이고, k 값은 7이다. QuickSort(array, left, k-1)의 실행을 판정하는 조건식 left < k-1은 Yes이므로 QuickSort(array, left, k-1)의 left에는 5를 대입하고, k에는 7을 대입한 QuickSort(array, 5, 6)를 호출하여 실행한다.

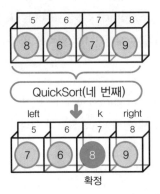

● QuickSort(다섯 번째)

QuickSort(array, 5, 6)은 첨자 5부터 6의 요소에 대해 '기준치를 경계로 데이터를 대소로 나누는 처리'를 실행하는데, 새로운 i가 6이고, k가 6이며, i < k가 No이기 때문에 array[left](array[5])와 array[k](array[6])이 교환된다. 여기에서 데이터 7의 위치가 확정된다.

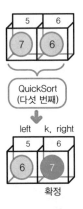

이를 실행한 직후의 left 값은 5이고, k 값은 6이다. 그런데 다음 QuickSort(array, left, k-1)의 실행을 판단하는 조건식 left < k - 1이 No이므로 QuickSort(array, left, k-1)은 실행되지 않는다. 따라서 데이터 6의 위치도 확정된다. 다음 처리인 QuickSort(array, k + 1, right)로 이동한다.

그러나 이 시점에서 k는 6이고, right도 6으로 조건식 k+1 < right가 No이다. 따라서 QuickSort(array, k+1, right)는 실행되지 않고, 이것으로 다섯 번째 QuickSort의 처리가 모두 끝난다.

● QuickSort(네 번째)의 QuickSort(array, k+1, right)

그러면 이 다음인 QuickSort(네 번째)의 QuickSort(array, k+1, right)까지 되돌아간다. 그러나 이 시점에서 k는 7이고, right는 8이다. 그러므로 QuickSort(array, k+1, right)의 실행을 판정하는 조건식 k+1 < right가 No이기 때문에 QuickSort(array, k+1, right)은 실행되지 않는다. 이로써 데이터 9의 위치도 확정된다. 이것으로 QuickSort(네 번째)의 처리가 모두 끝난다. 이 말은 QuickSort(첫 번째)의 처리도 모두 끝난 것을 의미한다.

모든 QuickSort가 종료되면 배열의 데이터가 오름차순으로 정렬되어 있기 때문에 퀵 정렬이 완료된다. 다음 그림은 QuickSort의 실행 순서와 데이터의 위치가 확정되는 순서를 나타낸 것이다.

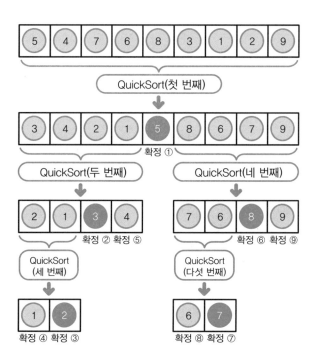

마지막으로, 의사 언어의 마지막 형태는 다음과 같다.

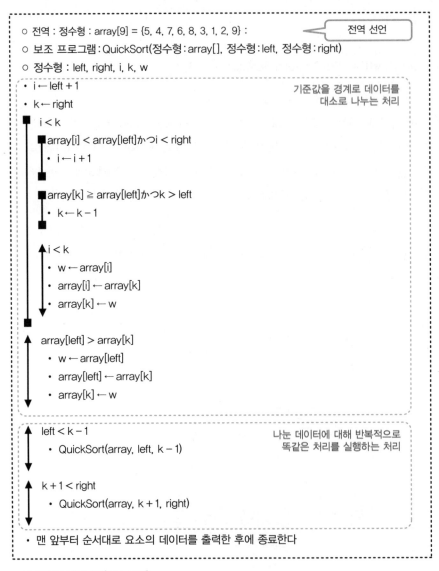

○ 전역 : 정수형 : array[9] = {5, 4, 7, 6, 8, 3, 1, 2, 9} :   전역 선언
○ 보조 프로그램 : QuickSort(정수형 : array[], 정수형 : left, 정수형 : right)
○ 정수형 : left, right, i, k, w

• i ← left + 1   기준값을 경계로 데이터를
• k ← right   대소로 나누는 처리

■ i < k
  ■ array[i] < array[left]かつi < right
    • i ← i + 1

  ■ array[k] ≧ array[left]かつk > left
    • k ← k − 1

  ▲ i < k
    • w ← array[i]
    • array[i] ← array[k]
    • array[k] ← w

▲ array[left] > array[k]
  • w ← array[left]
  • array[left] ← array[k]
  • array[k] ← w

▲ left < k − 1   나눈 데이터에 대해 반복적으로
  • QuickSort(array, left, k − 1) 똑같은 처리를 실행하는 처리

▲ k + 1 < right
  • QuickSort(array, k + 1, right)

• 맨 앞부터 순서대로 요소의 데이터를 출력한 후에 종료한다

● 퀵 정렬의 알고리즘(의사 언어)

퀵 정렬은 처리 속도가 가장 빠른 정렬 알고리즘이라고 알려져 있다. 특히, 대량의 데이터를 정렬할 때 단순 선택과 단순 교환법, 단순 삽입법보다 처리 속도가 빠르다.

퀵 정렬의 속도를 높이는 데 있어서의 포인트는 '기준 데이터의 선택'이다. 이번에는 맨 앞의 데이터를 기준으로 사용했지만, 퀵 정렬의 처리 속도가 가장 빠른 경우에는 기준값이 범위를 균등하게 절반으로 분할된다. 이번에 배운 알고리즘을 개선하려면, 최적의 기준값을 선택하는 절차도 함께 고민해야 한다.

CHAPTER 11

에라토스테네스의 체
(소수를 구하는 알고리즘)

Algorithm

1 에라토스테네스의 체란?

POINT!

- 에라토스테네스의 체는 소수를 찾아내는 알고리즘이다.
- 소수는 2 이상의 정수에서 1과 그 수 자체로만 나눌 수 있는 수다.
- 소수는 나열되어 있는 구간이 불규칙하므로 임의로 찾기 어렵다.

이 장과 다음 장에서는 유명한 알고리즘 중에서 지금까지 설명한 검색이나 정렬이 아닌 알고리즘을 하나씩 설명한다. 첫 번째는 어떤 범위의 수 중에서 소수를 찾는 '에라토스테네스의 체'라는 알고리즘이다. 배열을 잘 사용하고 있다는 점에서 볼 때, 프로그래머가 알아야 할 유명 알고리즘 중 하나다.

■ 소수에 대한 복습

소수는 '2 이상의 정수 중에서 1과 그 수 자신 외는 나눌 수 없는 숫자'를 뜻한다. 10 이하라면 2, 3, 5, 7이 소수에 해당한다. 2는 2로, 3은 3으로, 5는 5로, 7은 7로밖에 나눌 수 없다.

만약을 위해 10 이하의 다른 숫자는 어떤지 확인해 두자. 4는 4 이외에 2로도 나눌 수 있다. 6은 2와 3으로 나눌 수 있고, 8은 2와 4로 나눌 수 있으며, 9는 3으로 나눌 수 있고, 10은 2와 5로 나눌 수 있다. 나눌 수 있다는 것을 다른 관점에서 보면 나누는 수와 몫(나눗셈의 정답)의 곱셈으로 나타낼 수 있다. 이러한 숫자는 숫자와 숫자가 합성된 것이라고 할 수 있으므로 '합성수'라고 한다. 이와 반대로 말하면 합성수가 아닌 숫자가 소수라는 것이다.

2 ...... 소수

3 ...... 소수

4 ...... **2**로 나눌 수 있다(= 2 × 2).

5 ...... **소수**

6 ...... **2**와 **3**으로 나눌 수 있다(= 2 × 3 또는 3 × 2).

7 ...... **소수**

8 ...... **2**와 **4**로 나눌 수 있다(= 2 × 4 또는 4 × 2).

9 ...... **3**으로 나눌 수 있다(= 3 × 3).

10 ...... **2**와 **5**로 나눌 수 있다(= 2 × 5 또는 5 × 2).

소수에서 '소'는 합성되지 않은 소박한 숫자의 '소'를 뜻하며, 모든 수의 소(근본)를 의미하기도 한다.

■ 소수인지 아닌지를 구분하는 것은 의외로 어렵다

소수를 내용만으로 보면 그리 어렵지 않을 것 같지만, 사실은 의외로 어렵다. 무엇이 어려운지도 바로 찾아내기 힘들다.

일례로 3의 배수는 3, 6, 9, 12, 15…처럼 3개의 간격으로 나열되기 때문에 1에서 100까지의 사이에 있는 3의 배수를 찾는 일은 비교적 간단하다. 하지만 소수는 규칙성이 없기 때문에 간격이 불규칙하고 랜덤하다. 즉, 소수를 한 번에 열거하기가 어렵다.

그렇다면 어떻게 구하면 할까? 가장 먼저 떠오르는 방법은 하나하나 그 수보다 작은 숫자로 나누어 보고, 나눌 수 있는지의 여부를 확인하는 것이다. 2에서 100 사이의 소수를 찾으려면 먼저 2로 나눌 수 있는 수를 지우고, 그런 다음 3으로 나눌 수 있는 수를 지우고, 그 다음 4로 나눌 수 있는 수를 지우고…… 마지막에는 99로 나눌 수 있는 수를 지우는 방식이다. 그러나 이 방법은 비효율적이고, 수의 범위가 커지는 경우에는 많은 시간이 걸릴 것이다.

고대 그리스의 과학자인 에라토스테네스는 이 방법을 개선하여 소수를 효율적으로 발견하는 방법을 알아냈다. 그가 생각해낸 소수 발견법은 그의 이름을 따서 '에라토스테네스의 체'라고 한다.

■ 에라토스테네스의 체는 소수를 발견하는 방법

에라토스테네스의 체란, 어떤 수 이하의 범위에 존재하는 소수를 찾고 싶은 경우, '그 수의 제곱근보다 작은 소수의 배수를 없애면 남은 수가 소수다.'라는 생각을 바탕으로 소수를 찾는 방법을 말한다. 아래의 링크는 에라토스테네스의 체에 대해 설명한 사이트다. 참고하길 바란다.

https://ko.wikipedia.org/wiki/에라토스테네스의_체

이것만으로는 무슨 뜻인지 알 수 없으므로 구체적인 숫자로 예를 들어 설명한다. 예를 들어, 100 이하의 소수를 모두 찾아내려면 가장 먼저 100의 제곱근 이하 소수를 선택한다. 제곱근을 나타내면 $\sqrt{100}$이고, 제곱하면 100이 되는 수이기 때문에 100의 제곱근은 10이다. 10이하의 소수는 2, 3, 5, 7의 네 가지다.

우선 2에서 100까지의 표에서 2로 나눌 수, 즉 2의 배수 중 2 이외를 모두 지운다(1은 소수가 아니기 때문에 미리 지워 두었다).

1	2	3	4	5	6	7	8	9	10
11	12	13	14	15	16	17	18	19	20
21	22	23	24	25	26	27	28	29	30
31	32	33	34	35	36	37	38	39	40
41	42	43	44	45	46	47	48	49	50
51	52	53	54	55	56	57	58	59	60
61	62	63	64	65	66	67	68	69	70
71	72	73	74	75	76	77	78	79	80
81	82	83	84	85	86	87	88	89	90
91	92	93	94	95	96	97	98	99	100

다음으로 3 이외의 3의 배수를 모두 지운다.

1	2	3	4	5	6	7	8	9	10
11	12	13	14	15	16	17	18	19	20
21	22	23	24	25	26	27	28	29	30
31	32	33	34	35	36	37	38	39	40
41	42	43	44	45	46	47	48	49	50
51	52	53	54	55	56	57	58	59	60
61	62	63	64	65	66	67	68	69	70
71	72	73	74	75	76	77	78	79	80
81	82	83	84	85	86	87	88	89	90
91	92	93	94	95	96	97	98	99	100

다시 5 이외의 5의 배수를 모두 지운다.

1	2	3	4	5	6	7	8	9	10
11	12	13	14	15	16	17	18	19	20
21	22	23	24	25	26	27	28	29	30
31	32	33	34	35	36	37	38	39	40
41	42	43	44	45	46	47	48	49	50
51	52	53	54	55	56	57	58	59	60
61	62	63	64	65	66	67	68	69	70
71	72	73	74	75	76	77	78	79	80
81	82	83	84	85	86	87	88	89	90
91	92	93	94	95	96	97	98	99	100

마지막으로 7 이외의 7의 배수를 모두 지운다.

1	2	3	4	5	6	7	8	9	10
11	12	13	14	15	16	17	18	19	20
21	22	23	24	25	26	27	28	29	30
31	32	33	34	35	36	37	38	39	40
41	42	43	44	45	46	47	48	49	50
51	52	53	54	55	56	57	58	59	60
61	62	63	64	65	66	67	68	69	70
71	72	73	74	75	76	77	78	79	80
81	82	83	84	85	86	87	88	89	90
91	92	93	94	95	96	97	98	99	100

이렇게 남은 수가 100 이하의 소수 목록이다. 이 방법을 '체'라고 하는 이유는 소수의 배수를 지워 나가는 과정에서 소수가 아닌 수가 점차 체 사이로 빠져나가는 것 같기 때문이다.

소수가 아닌 수, 즉 합성수는 반드시 그 숫자보다도 작은 소수로 나눌 수 있다. 나누어지는 수는 소수가 아니므로 체 사이로 빠져나간다. 즉, 제곱근 이하의 어느 소수로도 나누어 떨어지지 않고 끝까지 체에 남아 있는 수가 소수다.

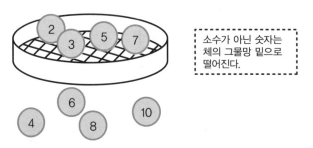

소수가 아닌 숫자는 체의 그물망 밑으로 떨어진다.

● 숫자를 체에 걸러 마지막까지 남은 숫자가 소수

이 방법을 사용하면 1에서 100까지의 모든 숫자를 해당 숫자보다 작은 수로 나눌 수 있는지 하나하나 순서대로 확인하는 것보다 훨씬 더 빨리 소수를 찾을 수 있다. 이번에는 에라토스테네스의 체를 컴퓨터에서 실행할 수 있는 알고리즘을 작성해 보자.

에라토스테네스의 체 개념 파악하기

- 에라토스테네스의 체는 크게 3개의 처리로 구성되어 있다.
- 어떤 수 이하의 모든 정수 데이터를 준비한다.
- 어떤 수의 제곱근보다 작은 소수의 배수를 제거한다.
- 마지막까지 남은 수를 소수로 출력한다.

어떤 수 이하의 소수를 모두 찾으려면 그 수의 제곱근보다 작은 소수의 배수를 없애면 된다. 이것이 에라토스테네스의 체의 기본적인 생각이다. 우선 대략적인 처리와 절차를 생각해 보자.

■ 에라토스테네스의 체 구성

우선 10 이하의 소수를 구하는 경우를 예로 살펴보겠다. 에라토스테네스의 체의 처리 절차는 크게 세 단계로 나뉜다.

① 10 이하의 정수 데이터를 준비한다.

② 10의 제곱근(=10. 약 3.16)보다 작은 소수의 배수를 제거한다.

③ 남은 수를 출력한다.

각각을 순서대로 살펴보자.

■ 10까지의 정수 데이터를 준비하려면?

가장 먼저 체의 대상이 되는 10까지의 정수를 데이터로 준비해야 한다. 여기에서는 11 개의 요소를 가지는 정수형 배열을 제공한다. 이는 방금 전에 사용한 목록에 해당한 다. 배열의 이름은 array로 정한다. 여기서 11개인 이유는 배열의 첨자를 '체에 거르는 숫자'로 사용하기 때문이다. 이것이 이 알고리즘의 가장 중요한 포인트다. 첨자는 0부터 시작하기 때문에 첨자를 10까지 사용하려면 이 요소를 11개 준비해야 한다.

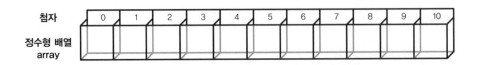

첨자에 '체에 거르는 숫자'를 사용하면 요소는 무엇으로 사용할까?

요소는 '그 첨자가 소수인지의 여부를 판정하는 데이터를 넣는 것'으로 사용한다. 즉, 소수가 아닌 것으로 판정된 첨자의 요소에 '소수가 아니다.'라는 것을 나타내는 데이터를 넣는다. 좀 더 구체적으로 말하면 소수일 가능성이 있는 경우에는 1을 대입하고, 소수가 아닌 경우에는 0을 대입한다.

■ 소수를 사용하여 소수의 배수를 제거하기

앞서 설명한 100 이하의 소수 찾기의 경우, 소수가 아닌 수의 칸을 회색으로 칠했다. 이 '색칠하기'에 해당하는 것이 '요소에 0을 대입한다.'이다. 미리 모든 요소에는 초깃값으로 1을 대입해 둔다. 그리고 소수가 아닌 것으로 판정된 수(첨자)의 요소에는 0을 대입한다.

이렇게 함으로써 소수의 배수를 모두 제거한 후 마지막에 '1이 대입되어 있는 요소의 첨자는 소수이고, 0이 대입되어 있는 요소의 첨자는 소수가 아니다.'라고 구별할 수 있다. 구체적으로 어떻게 해야 하는지 살펴보자. 먼저, 모든 요소에 미리 초깃값 1을 대입해 둔다.

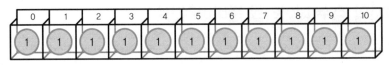

● 모든 요소에 1을 대입한다.

10의 제곱근은 약 3.16이므로 제곱근 이하의 소수는 2와 3이다. 이 말은 2의 배수와 3의 배수를 지우면 된다는 뜻이다. 먼저, 2의 배수를 지운다. 여기서 지운다는 의미는 앞서 설명한 바와 같이 요소에 0을 대입한다는 뜻이다. 첨자가 2 이외의 2의 배수인 4, 6, 8, 10의 요소에 0을 대입한다.

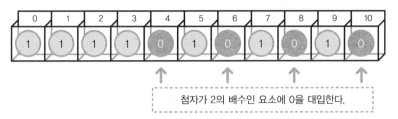

● **2를 제외한 2의 배수의 요소에 0을 대입한다.**

다음은 3의 배수를 지운다. 첨자가 3을 제외한 3의 배수인 6과 9의 요소에 0을 대입한다.

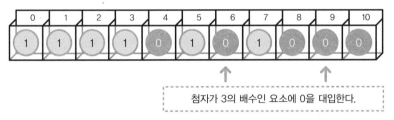

● **3을 제외한 3의 배수의 요소에 0을 대입한다.**

▨ 체에 걸리지 않고 남은 수를 출력하기

제곱근 이하의 소수들의 모든 배수를 제거했다면 나머지는 모두 소수뿐이다. 이제 첨자가 2 이상이고 1이 들어 있는 요소의 첨자를 뽑아내면, 그것들이 10 이하의 소수가 된다.

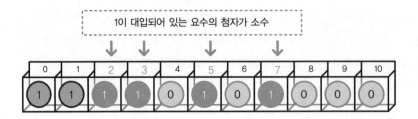

알기 쉽게 10 이하의 소수를 찾아내는 경우를 보았다. 물론 수가 더 많아져도 기본적인 절차는 같다.

3 알고리즘을 순서도로 작성하기

> **POINT!**
>
> - 체에 거르는 수로 배열의 첨자를 사용한다.
> - 배열의 요소에는 소수인지의 여부를 판별하는 데이터를 대입한다.
> - 마지막으로 요소에 1이 대입되어 있는 첨자를 출력한다.

그림을 통해 처리의 개념을 잡았다면 에라토스테네스의 체를 순서도로 만들어 보자. 이번에는 조금 수를 늘려 100 이하의 소수를 모두 구하는 경우의 알고리즘을 생각해 본다.

■ 배열의 설정

소수인지의 여부를 확인하고 싶은 수를 대입하는 배열을 정수형 배열 array로 한다. 이번에는 100 이하의 소수를 구하는 것이기 때문에 배열의 요소 수는 101개로 한다. 왜 101개일까? 그 이유는 앞에서 언급한 바와 같이 첨자들을 '체에 거르는 수로 사용하고자 하기 때문이다. 첨자는 0부터 시작하기 때문에 0에서 100까지의 첨자를 사용하려면 요소 수는 101개다. 모든 요소에는 초깃값으로 1을 대입하여 초기화해 둔다. 현재 시점에서는 어떤 변수가 필요한지 모르기 때문에 필요할 때마다 순차적으로 준비하면 된다.

■ 2의 배수를 제거하기

곧바로 100까지의 첨자를 체로 걸러낸다. 우선 가장 작은 소수인 2의 배수를 제거한다. 2는 소수이기 때문에 2는 남긴다는 점에 주의해야 한다. 100 이하의 2의 배수는 2를 제외하면 4, 6, 8, 10, 12, ... , 96, 98, 100 등과 같이 총 49개다. '제거'는 그 첨자의 요소에 0을 대입하면 된다. 예를 들어, 각각 첨자 4, 6, 8 요소에 0을 대입하는 처리는

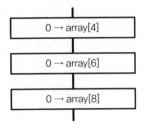

과 같다. 그러나 이 처리를 49회 반복하는 것은 비효율적인 방법이다. 이 경우에는 반복 구조를 사용한다. 2의 배수를 곱한 형태로 분해하면

```
4 2 × 2
6 2 × 3
8 2 × 4
```

과 같이 2와 곱하는 수가 하나씩 증가한다. 이와 같이 하나씩 늘어나는 수를 나타낼 때는 변수를 사용해야 한다. 이 변수를 정수형 변수 i로 한다. 이제 2의 배수를 제거하는 처리는 반복 구조로 다음과 같이 나타낼 수 있다.

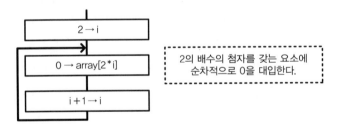

물론 이대로라면 i 값이 끝없이 증가하는 무한 루프가 되기 때문에 반복 처리에 들어가기 전에 i 값이 50보다 작은지를 확인하는 판단 처리를 추가한다.

여기서 50은 100 ÷ 2에서 나온 숫자다. 이번에 확인해야 할 수가 100 이하이므로 2의 배수인 2 × i는 반드시 100 이하로, 즉 2 × i ≤ 100이 되고, 이 양변을 2로 나누면 i ≤ 100 / 2, i ≤ 50이 된다. 50라고 써도 되지만, 100 / 2로 해 두자. 그 이유는 잠시 후에

설명한다. i가 50 이하라면 2의 배수의 첨자를 갖는 요소에 0을 대입하는 반복 처리를 실시하고, i가 50보다 커지면 반복을 마치고 다음 작업으로 이동한다.

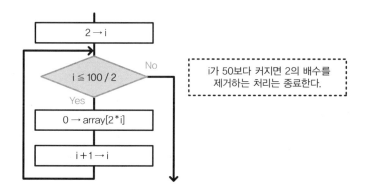

2의 배수가 모두 제거된 후의 배열은 다음과 같다.

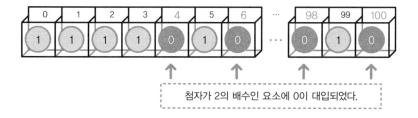

3의 배수를 제거하기

2 다음의 소수는 3이다. 다음은 3의 배수를 제거한다. 절차는 2의 배수인 때와 같다.
소수인 3을 제외한 3의 배수는 6, 9, 12, ... , 93, 96, 99다. 이를 곱셈의 형태로 나타내면

```
6  3 × 2
9  3 × 3
12 3 × 4
```

이 되는데, 6은 앞서 2의 배수에서 이미 제거되었으므로 9 = 3 × 3부터 시작하면 된다. 즉, i = 3부터 시작하면 된다는 뜻이다. 순서도를 보면 알 수 있듯이, 차이는 2가 3으로 되어 있는 곳뿐이다.

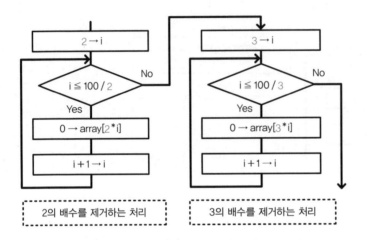

반복에 들어가기 전의 판단 처리는 i 값이 100 / 3 이하인지의 여부를 확인하는 조건식으로 변경되어 있다. 3의 배수인 3 × i는 반드시 100 이하, 즉 3 × i ≤ 100이 되고, 이를 다시 양변을 3으로 나누면 i ≤ 100 / 3이 된다. 2의 배수의 부분에서 100 / 2라고 써 놓은 이유는 여기를 보면 알 수 있듯이, 2를 3으로 바꾸어 3의 배수를 제거하는 처리로 유용하기 때문이다.

2에서 3으로 변하는 숫자값의 경우, 이 또한 변수로 바꾸면 배수를 제거하는 처리를 반복 구조로 할 수 있을 것이다. 그러므로 변수로 바꾼다. 정수형 변수 k를 사용하자. 이 k는 배수를 제거하는 소수를 나타낸다. k가 2라면 2의 배수를 제거하고, 3이라면 3의 배수를 제거한다. 따라서 k의 초깃값은 2, i가 100 / k를 넘고 배수를 제거하는 처리가 끝날 때마다 k를 하나씩 증가시킨다.

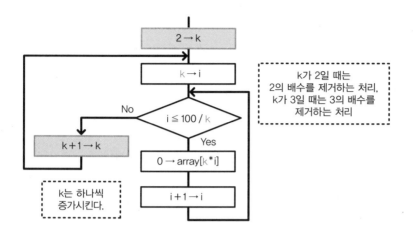

다음 소수를 찾는다

변수 k는 하나씩 증가시킨다. 2인 경우에는 2의 배수를 제거하고, 3인 경우는 3의 배수를 제거하고, 그 다음으로는 4의 배수의 순서로……, 잠깐! 4는 소수가 아니다.

3 다음의 소수는 5이므로 5의 배수를 제거해야 한다. k 값이 소수인지를 판단하는 처리를 추가로 기술해 보자. 어떻게 하는 것이 좋을까?

여기서 3의 배수의 제거가 끝난 단계에서의 배열 모습을 살펴보자. 이미 2의 배수와 3의 배수가 제거되었다. 이 시점에서 첨자가 소수가 아닌 요소에는 0이 대입되어 있다.

첨자가 소수가 아닌 요소에는 0이 대입되어 있다.

즉, k에 대입된 값이 소수인지의 여부를 판단하려면 array[k]의 값을 확인하면 된다. array[k] = 1이면 k는 소수, array[k] = 0이면 k는 소수가 아니라는 것이다. 이를 나타내는 조건식을 추가한다.

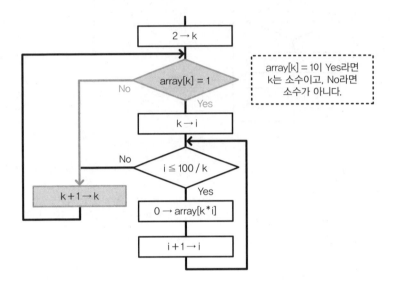

array[k] = 1이 Yes인 경우, k는 소수이므로 k의 배수를 제거하는 반복 처리가 실행된다. 이와 반대로 array[k] = 1이 No의 경우, k는 소수가 아니므로 k를 하나 늘려 다음 k가 소수인지를 다시 판정한다.

■ 다음 소수의 배수를 제거한다

k 값은 2, 3으로 증가한다. k = 4인 경우, array[4]가 0이므로 배수를 제거하는 반복 처리로 들어가지 않고 k를 하나 증가시킨다. 다음은 k = 5로 array[5]는 1이므로 5의 배수를 제거한다. 6은 소수가 아니고, 7은 소수, 그리고 8, 9의 순서로 k가 늘어나는데, 이대로라면 k 값은 한없이 증가하여 또 다시 무한 루프가 된다.

에라토스테네스의 체는 '어떤 숫자의 제곱근보다 작은 소수의 배수를 제거하면 남은 수가 소수'라는 이론이다. 이번 예에 나온 '어떤 숫자'는 100이므로 k는 100의 제곱근,

즉 10 이하다. 그러므로 'k는 100의 제곱근 이하인가?'를 판단하는 조건식을 추가한다. k가 100의 제곱근 이하라는 것은 k를 제곱한 값이 100 이하면 되기 때문에 조건식은 'k * k ≤ 100'으로 한다. Yes인 경우에는 k가 소수인지를 판단하는 처리로 이동하고, No라면 요소의 데이터가 1인 첨자를 모두 출력한 후 종료한다.

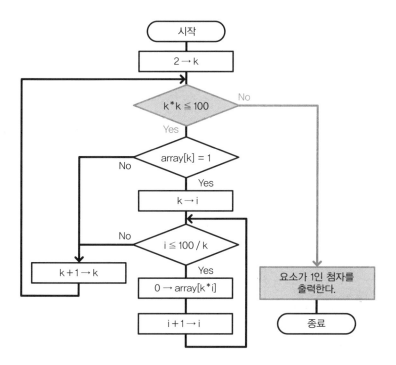

■ 요소가 1인 첨자를 출력하기

100의 제곱근 이하 요소, 즉 2, 3, 5, 7의 배수를 첨자로 갖는 요소에는 모두 1이 대입되어 있다. 이와 반대로 배수를 제거하는 작업이 모두 종료된 시점에서 요소에 1이 대입되어 있는 첨자는 소수다. 단, 첨자 0과 1은 소수가 아니므로 출력하고 싶은 것은 2 이상의 첨자다.

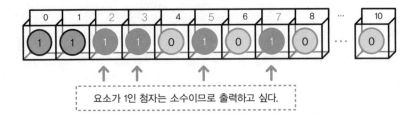

요소가 1인 첨자는 소수이므로 출력하고 싶다.

이것도 소수를 사용한 반복 처리로 실시한다. 변수 i는 모두 역할을 끝낸 상황이므로 변수 i를 사용하자. i를 2부터 100까지 하나씩 증가시키면서 array[i] = 1에 해당하는 첨자만을 출력한다.

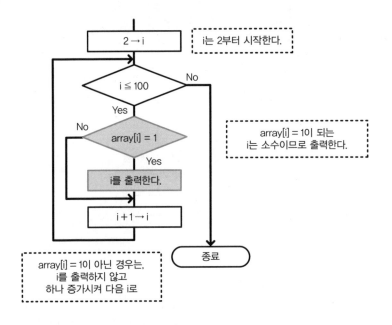

i는 2부터 시작한다.

array[i] = 1이 되는 i는 소수이므로 출력한다.

array[i] = 1이 아닌 경우는, i를 출력하지 않고 하나 증가시켜 다음 i로

소수인 i를 출력하는 반복 구조를 앞의 순서도에 적용하면 '에라토스테네스의 체'의 순서도가 완성된다.

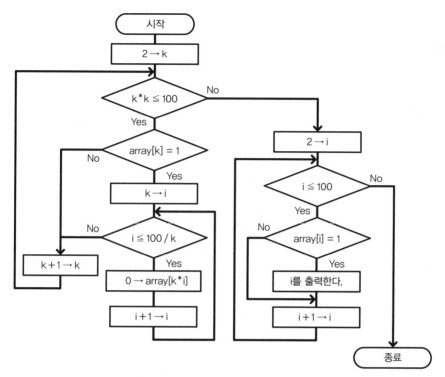

● 에라토스테네스의 체의 알고리즘(순서도)

4 알고리즘을 의사 언어로 작성하기

> **POINT!**
>
> • 배열은 소수를 구하고 싶은 범위 + 1의 요소를 갖는 정수형 배열을 사용한다.
> • 본체의 처리 부분은 크게 4개의 반복 구조로 이루어져 있다.

에라토스테네스의 체의 알고리즘을 의사 언어로 만들어 보자.

■ 변수와 배열의 설정

이번에 사용하는 배열은, 101개의 요소를 갖는 정수형 배열인 array[100]이다. 이 배열은 모든 요소에 1을 대입하여 초기화해 둔다. 그런 다음, 변수는 i, k로, 둘 다 정수형 변수로 한다. 변수 i는 소수를 몇 배로 할 것인지 카운트하는 변수이고, 변수 k는 소수인 첨자를 대입하는 변수다.

```
○ 정수형: array[100] = {요소는 모두 1로 초기화}
○ 정수형: i, k
```

■ 본체의 처리 부분을 작성하기

이번 알고리즘의 반복 구조는 4개다.

① 요소 k의 배수를 제거하는 반복 구조

② k에 다음 소수를 대입하는 반복 구조

③ k가 100의 제곱근 이하일 때 반복하는 반복 구조

④ 소수인 첨자를 출력하는 반복 구조

하나씩 순서대로 의사 언어로 작성해 보자.

● ① 요소 k의 배수를 제거하는 반복 구조

우선, k←2로 k에 2를 대입하고 i←k로 i에 k를 대입한다. 다음에 나오는 조건식은 i
≦100 / k다. Yes라면 array[k * i]←0과 i←i+1을 반복하여 실행하고, No라면 반복
구조를 마치고 다음 처리로 이동한다.

```
· k←2
· i· k
  i ≦ 100 / k
    · array[k * i]←0
    · i←i+1
```

● ② k에 다음 소수를 대입하는 반복 구조

100 이하의 k의 배수를 모두 제거했다면 다음의 k를 찾고 싶으므로 우선 k←k+1로
k를 하나씩 늘려 나간다. k는 소수여야 한다. k가 소수인지 판단하려면 array[k]의 값을
확인해야 한다. 여기서 반복하고 싶은 것은 array[k]=0, 즉 소수가 아닌 경우다. array
[k]=0인 때는 처리를 반복하고 k←k+1로 k를 하나씩 증가시킨다. No인 때는 k는 소
수이므로 반복 구조를 빠져나와 다음 처리로 이동한다. 반복의 아랫부분에 조건식을
작성하는 반복 구조를 '후판정 반복 구조'라고 하는데, 좀 더 자세한 내용은 다음 장에
서 설명한다.

```
    · k←k+1
  array[k] = 0
```

● ③ k가 100의 제곱근 이하일 때 반복하는 반복 구조

앞서 설명한 2개의 반복 구조를 둘러싸는 가장 바깥쪽의 반복 구조다. 소수인 첨자를
대입한 k가 100의 제곱근 이하인 경우, 즉, $k * k \leq 100$인 동안의 처리를 반복하도록
조건식을 작성한다.

● ④ 소수인 첨자를 출력하는 반복 구조

이 반복 구조에는 변수 i를 사용한다. i의 초깃값으로 2를 대입하고, i가 100 이하인 동
안에 처리를 반복한다. 조건식은 $i \leq 100$이다. array [i] = 1가 Yes인 경우는 i를 출력한
후에 i를 하나 늘리고, No인 경우는 출력 없이 i를 하나씩 늘리므로, 여기에는 선택 구
조를 사용한다.

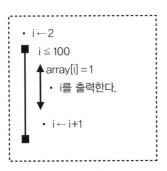

이처럼 처음 선언 부분과 4개의 반복 구조를 조합하면 에라토스테네스의 체의 의사 언
어가 완성된다.

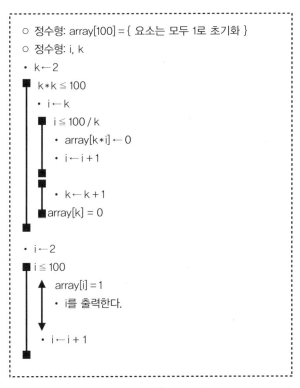

○ 정수형: array[100] = { 요소는 모두 1로 초기화 }

○ 정수형: i, k

· k ← 2

■ k * k ≦ 100

　· i ← k

　■ i ≦ 100 / k

　　· array[k * i] ← 0

　　· i ← i + 1

　· k ← k + 1

　array[k] = 0

· i ← 2

■ i ≦ 100

　array[i] = 1

　· i를 출력한다.

　· i ← i + 1

● 에네토스테네스의 체의 알고리즘(의사 언어)

CHAPTER 12

유클리드 알고리즘 (최대 공약수를 구하는 알고리즘)

Algorithm

1 유클리드 알고리즘 개념을 파악하자

POINT!

- 최대 공약수를 구하는 알고리즘이다.
- 최대 공약수는 공통의 약수 중에서 가장 큰 수를 말한다.

이 장에서 공부하는 '유클리드 알고리즘'은 최대 공약수를 구하는 알고리즘이다. 꽤 복잡한 알고리즘일 것 같지만, 반복 구조를 이용하여 해결한다는 점에서 프로그래머가 알고 있어야 할 대표적인 알고리즘 중 하나다.

■ 최대 공약수에 대한 복습

유클리드 알고리즘을 배우기 전에 우선 최대 공약수란 무엇인지 복습해 보자. 모든 숫자에는 약수라는 것이 있다. 약수란, 어떤 수를 확실히 나눌 수 있는 정수다. 예를 들어, 3의 약수는 1과 3, 4의 약수는 1과 2와 4, 5의 약수는 1과 5, 6의 약수는 1과 2와 3과 6이다.

● 약수의 예

```
3의 약수      ……  1, 3
4의 약수      ……  1, 2, 4
5의 약수      ……  1, 5
6의 약수      ……  1, 2, 3, 6
7의 약수      ……  1, 7
8의 약수      ……  1, 2, 4, 8

12의 약수     ……  1, 2, 3, 4, 6, 12
```

공약수란, 어떤 수와 또 다른 수에 공통되는 약수를 의미하고 최대 공약수란, 그 공약수 중 가장 큰 숫자를 뜻한다. 예를 들어, 8과 12의 공약수는 '1과 2와 4'의 세 가지다.

그중에서 가장 큰 수는 4이므로 최대 공약수는 4다.

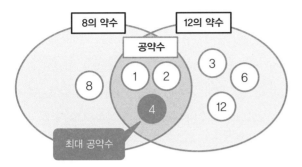

● **8과 12의 최대 공약수**

이를 알고리즘으로 작성하기 위해, 먼저 절차를 하나하나 써 보겠다.

최대 공약수를 구하는 방법

최대 공약수를 구하려면 가장 먼저 어떤 복수의 수를 소수의 곱셈 형태로 분해해야 하는데, 이를 소인수 분해라고 한다. 예를 들어, 방금 전의 두 수, 즉 8과 12라면 다음과 같은 방식이다.

$8 = 1 \times 2 \times 2 \times 2$

$12 = 1 \times 2 \times 2 \times 3$

이들 중 공통되는 소수를 서로 곱한 수가 두 수의 최대 공약수다. 이번 예에서는 공통되는 수는 2가 2개이기 때문에 2 × 2로 4가 된다. 그러나 이런 절차를 기반으로 한 알고리즘은 언뜻 보기에는 간단해 보이지만, 꽤 복잡하다.

어떤 수를 소인수 분해하려면 먼저 그 수 이하의 소수를 모두 구해야 한다. 그리고 그 소수 중 작은 숫자부터 순서대로 원래의 수를 나누고, 나누어지지 않으면 그 다음 소수의 순서로 계산해야 한다. 그렇게 두 수를 소인수 분해한 후 공통되는 소수를 찾는 등 복잡한 흐름이 되기 때문에 하나하나의 처리는 단순해 보여도 절차는 복잡하다. 이에 반해 매우 간단한 방식으로 최대 공약수를 구하는 것이 '유클리드 알고리즘'이다.

유클리드 알고리즘이란?

유클리드는 지금으로부터 약 2300년 전의 고대 그리스 수학자로, 수많은 수학적 이론을 생각해냈다. 그중 하나가 최대 공약수를 쉽게 구하는 방법인 유클리드 알고리즘이다. 유클리드 알고리즘을 한마디로 말하면, 두 수의 나눗셈을 반복하여 최대 공약수를 구하는 것이다.

나눗셈을 도대체 어떻게 반복해야 할까?

먼저 큰 수를 작은 수로 나눈다. 이 나눗셈에서 알고 싶은 것은 나머지가 나오는지의 여부다. 따라서 '/'가 아닌 '%'를 사용한다. 만약 이 시점에서 나머지가 0이면, 나누는 데 사용된 작은 수가 최대 공약수다. 예를 들어, 12과 6이면 12는 6으로 나눌 수 있으므로 이 두 수의 최대 공약수는 6이다.

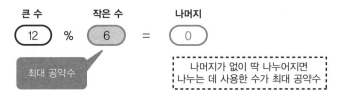

● 나머지가 없이 딱 나누어지면 나누는 데 사용한 수가 최대 공약수

딱 나누어지게 나눌 수 없는 경우에는 나머지가 나온다. 이번에는 그 나머지로 방금 나누는 데 사용한 수를 나눈다. 이 시점에서 딱 나누어지면 나누는 데 사용한 수가 최대 공약수다. 예를 들어, 12와 8의 경우, 나눗셈을 하면 나머지는 4가 되어 딱 나눌 수 없기 때문에 이번에는 나누는 데 사용한 8을 나머지인 4로 나눈다. 그러면 딱 나누어져서 나머지는 0이다. 이 두 수의 최대 공약수는 4가 된다.

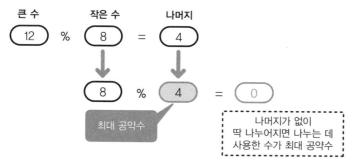

● 나머지로 딱 나누어지면 나누는 데 사용한 수가 최대 공약수

만약 여기서도 딱 나누어지 않고 나머지가 나오면 지금 나누는 데 사용된 수를 새로운 나머지로 나누는 식으로 계속 반복해 나갈 것이다. 언젠가는 반드시 나머지가 0이 된다. 나머지가 0이 되면 그때의 나눗셈에서 나누는 데 사용한 수가 두 수의 최대 공약수가 된다는 것이 유클리드 알고리즘에 의한 최대 공약수를 구하는 방법이다.

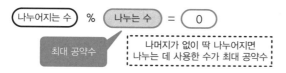

● 딱 나누어지면 나누는 데 사용한 수가 최대 공약수

■ 143과 221로 유클리드 알고리즘을 시도해 보자

너무나 간단한 방법이라 조금 믿기 어려운 점도 있다. 만약을 위해 더 큰 숫자로 시도해 보자. 유클리드 알고리즘을 사용하여 143과 221의 최대 공약수를 구해 본다.

먼저 221을 143으로 나눈다. 몫은 1, 나머지는 78이다. 그런 다음, 143을 78로 나눈다. 몫은 1, 나머지는 65다. 아직 딱 나누어질 기색이 없다. 이어서 78을 65로 나눈다. 몫은 1, 나머지는 13이다. 또한, 65을 13으로 나누면 몫은 5이고 딱 나누어진다. 이것으로 끝이다. 마지막의 나눗셈에서 나눈 수인 13이 221과 143의 최대 공약수다.

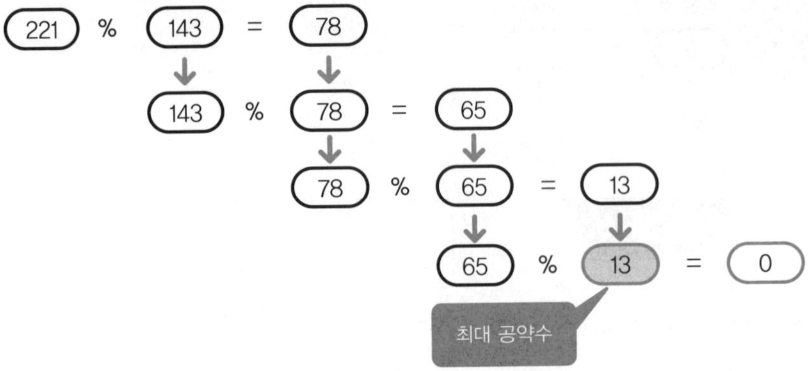

$$221 \% 143 = 78$$
$$143 \% 78 = 65$$
$$78 \% 65 = 13$$
$$65 \% 13 = 0$$

최대 공약수

이 답이 맞는지 일단 검산해 보자.

221 ÷ 13 = 17

143 ÷ 13 = 11

221의 약수는 13과 17, 다른 하나의 수인 143의 약수는 11과 13으로 소수이기 때문에 최대 공약수는 13이다.

알고리즘을 순서도로 작성하기

- 나머지를 구하는 나눗셈은 산술 연산자 '%'을 사용한다.
- 딱 나누어 떨어지지 않을 때에 나눗셈을 반복하는 처리를 반복 구조로 한다.

그럼 유클리드 알고리즘을 순서도로 표현해 보자.

■ 변수의 설정

우선 필요한 변수를 생각한다. 최대 공약수를 구하고 싶은 2개의 정수를 저장하기 위해 정수형 변수 a와 b를 준비한다. 이 밖에 나머지를 저장하는 변수가 필요하다. 이것도 정수이기 때문에 정수형 변수 r을 준비한다. 사용 변수는 총 3개다.

■ 큰 수를 작은 수로 나누기

이어서 처리를 생각한다. 먼저 변수 a와 b에 각각 양의 정수를 입력한다. 그리고 a, b 중 큰 쪽의 변수를 더 작은 변수로 나누어 나머지를 구하는데, 이는 a와 b의 대소 관계에 의해 어느 쪽을 어느 쪽으로 나눌지가 달라진다. 이번에는 a 쪽에 큰 숫자가 입력되어 있다는 것을 전제로 진행한다. 계산 자체는 친숙한 산술 연산자인 '%'를 사용하면 된다. a % b를 계산한 후 그 결과를 r에 대입한다.

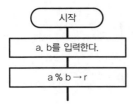

📗 나머지 r이 0인지를 확인한다

여기서 r이 0인지 확인한다. 만약, 나머지가 0, 즉 r = 0이면 이 시점에서 계산이 끝나 b 가 최대 공약수가 된다. 따라서 '최대 공약수는 b다.'를 출력한 후 종료한다.

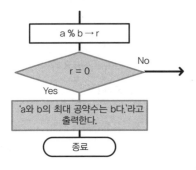

📗 작은 수를 나머지로 나누는 처리를 반복 구조로 하기

나머지가 0이 아닌 경우에는 b를 r로 나누어 그 나머지를 구한다. 이 처리는 앞의 'a % b → r'의 처리를 사용하여 반복 처리로 실시한다. b를 a에 대입하고 r을 b에 대입 한다. 이렇게 함으로써 a에는 b의 값이 b에는 r의 값이 대입되어 결과적으로 'b % r'을 구할 수 있다.

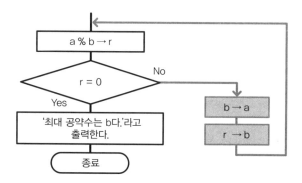

이 나머지를 구하는 처리 부분은 반복 구조이므로 나머지가 0이 될 때까지 작은 수를 나머지로 계속 나눈다. 이것으로 유클리드 알고리즘은 완성되었다.

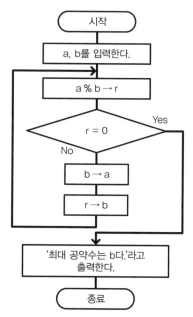

● 유클리드 알고리즘(순서도)

3 알고리즘을 의사 언어로 작성하기

> **POINT!**
> - 반복 구조에는 선판정형과 후판정형이 있다.
> - 선판정형 반복 구조는 반복 처리에 들어가기 전에 조건식으로 판정을 실시한다.
> - 후판정형 반복 구조는 반복 처리를 실행한 후에 조건식으로 판정을 실시한다.

순서도는 이해하기 쉽다는 것이 장점이므로 지금까지의 장에서는 반복 구조를 주로 판단 기호를 사용하여 나타냈다. 그러나 보기 쉽다는 장점을 해치지 않는 범위 내에서 다음 프로그래밍을 대비하여 프로그래밍하기 쉬운 형태로 만드는 것이 낫다.

이번에 만든 알고리즘은 조건식이 반복 부분 안에 있다. 이 형태는 실제 프로그램에서는 별로 사용되는 일이 없기 때문에 주요 프로그래밍 언어 및 의사 언어에는 간단히 설명할 수 있는 문법이 준비되어 있지 않다. 그래서 이 순서도를 프로그래밍 언어로 표현하기 쉬운 루프 기호를 사용해 재작성해 보자. 루프 기호는 10장에서 사용했는데, 여기에서 마지막으로 다시 한 번 루프 기호의 사용법과 반복 구조의 종류에 대해 정리한 후 순서도를 의사 언어로 만들어 보자.

■ 루프 기호를 사용한 선판정형 반복 구조로 만들기

루프 기호를 사용하여 변경하고 싶은 부분은 이 부분이다.

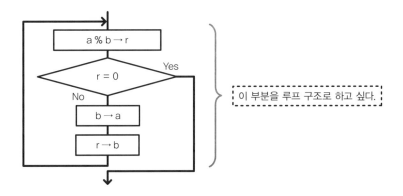

이 부분을 루프 구조로 하고 싶다.

우선 루프 기호를 써서 그 안에 반복하고 싶은 처리를 넣는다. 실행하고 싶은 처리 순서는 'b → a', 'r → b', 'a % b → r'의 순서다.

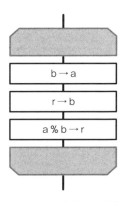

루프 기호를 사용한 반복 구조에서는 위나 아래 중 하나의 루프 기호에 어떤 조건일 때 반복을 종료할 것인지, 그것을 판단하는 조건식을 작성해야 한다. 그럼, 이전 그대로 'r = 0'이라는 조건식을 위의 루프 기호로 쓰면 어떻게 될까?

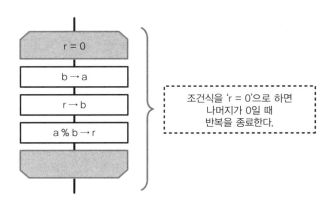

조건식을 'r = 0'으로 하면 나머지가 0일 때 반복을 종료한다.

루프 기호를 사용한 반복 구조에서는 조건식이 No인 경우에 반복 처리가 실행된다. 위의 흐름이라면 'r = 0'이 No인 경우, 즉 나머지가 0이 아닌 동안은 나눗셈이 반복 실행되고, 나머지가 0이 되면 반복을 중단한다. 실현하고 싶은 처리이므로 이 상태로도 좋다.

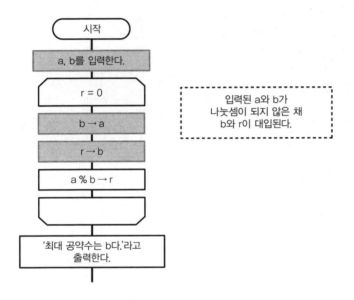

입력된 a와 b가
나눗셈이 되지 않은 채
b와 r이 대입된다.

현 시점의 순서도에서 나머지가 0(r = 0)인 경우에는 루프 처리에 들어가지 않고 '최대 공약수는 b'라고 출력한 후 종료한다. 이것으로 완성일까? 아니다! 이대로라면 아직 위험하다. 어디가 위험할까? 먼저 a와 b가 입력되는데, 그 후에 'a % b'를 한 번도 계산하지 않은 채 b가 a에 대입되고 r이 b에 대입된다. 원래 이 시점에서 r은 초기화를 하지 않으므로 어떤 값이 들어 있는지도 알 수 없다. 그러한 이유로 루프에 들어가기 전에 'a % b'를 한 번 계산해서 나머지를 r에 대입해 둔다.

이렇게 함으로써 'a % b'의 결과가 r = 0, 즉 나머지가 0의 경우는 루프 처리에 들어가지 않고 '최대 공약수는 b다.'라고 출력한 후 종료한다. 또한, r ≠ 0이면 루프에 들어간다.

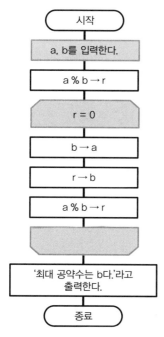

```
┌─────────────────┐
│      시작        │
└─────────────────┘
        │
┌─────────────────┐
│  a, b를 입력한다.  │
└─────────────────┘
        │
┌─────────────────┐
│   a % b → r     │
└─────────────────┘
        │
╱─────────────────╲
│     r = 0       │
╲─────────────────╱
        │
┌─────────────────┐
│     b → a       │
└─────────────────┘
        │
┌─────────────────┐
│     r → b       │
└─────────────────┘
        │
┌─────────────────┐
│   a % b → r     │
└─────────────────┘
        │
┌─────────────────┐
│                 │
└─────────────────┘
        │
┌─────────────────┐
│ '최대 공약수는 b다.'라고 │
│     출력한다.     │
└─────────────────┘
        │
┌─────────────────┐
│      종료        │
└─────────────────┘
```

● **선판정형 반복 구조를 사용한 유클리드 알고리즘(순서도)**

이 알고리즘에서는 루프에 들어가는 처음 부분에서 반복 처리를 실시할지를 판정하고 있다. 이런 식의 반복 구조를 **선판정형**이라고 한다. 선판정형 반복 구조는 처음의 조건식을 만족하지 않는 경우, 1회도 반복 처리를 하지 않은 채 반복 구조를 마친 후의 처리로 이동할 가능성도 있다. 방금 만든 알고리즘 또한 반복 구조의 앞에서 'a % b → r'을 더해 넣지 않았다면 한 번도 'a % b → r'을 실행하지 않은 채 b를 최대 공약수로 출력한 후 종료할 가능성이 있다.

이에 대해 적어도 한 번 이상은 반복 처리를 실행하고 싶을 경우, 반복 구조의 마지막에 조건식을 추가하여 판정을 실시하는 방법을 사용한다. 이를 **후판정형**이라고 한다.

■ 후판정형 반복 구조를 사용해 보기

이번에는 후판정 반복 구조를 사용하여 유클리드 알고리즘을 만들어 보자. 사용하는 처리는 처음 알고리즘과 똑같지만, 절차는 다르다.

루프 처리 안에서 먼저 실행하고 싶은 것은 '$a \% b \to r$'이다. 그런 다음, '$b \to a$'와 '$r \to b$'를 순서대로 실행한다. 후판정이므로 루프의 마지막에 조건식을 갖는다. 조건식은 루프를 종료하는 경우의 조건이다. 반복 처리를 실시하고 싶은 경우는 나머지가 0이 아닐 때, 즉 $r \neq 0$일 때이기 때문에 조건식은 '$r = 0$'이 된다.

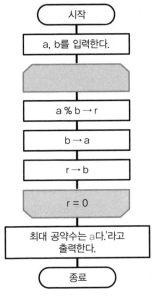

```
        시작
         │
   a, b를 입력한다.
         │
  ┌─────────────┐
  │             │
  ├─────────────┤
     a % b → r
         │
       b → a
         │
       r → b
         │
       r = 0
         │
   최대 공약수는 a다.'라고
        출력한다.
         │
        종료
```

● 후판정형 반복 구조를 사용한 유클리드 알고리즘(순서도)

루프 부분을 후판정형으로 바꿔 씀으로써 마지막의 최대 공약수를 출력하는 처리도 바꿀 필요가 있다. 루프 처리의 부분에서 '$a \% b \to r$'의 처리로 나머지를 r에 대입한 후, b의 값을 a에 대입하고, r의 값을 b에 대입하여 r를 판정하고 있다. 여기서 만일 r이 0이면 '$a \% b \to r$'을 실행한 단계 b의 값이 최대 공약수가 되는데, 판정 시점에서 b는 r이 할당되어 있다. 한편 b는 a에 대입되어 있기 때문에 마지막에 최대 공약수로 출력해야 하는 것은 b가 아니라 a의 값이다.

알고리즘은 절차를 변경하면 다른 처리의 부분도 그에 알맞게 변경해야 하는 부분이
나올 수 있다. 이러한 점을 충분히 주의하여 확인하도록 하자.

■ 양쪽 알고리즘을 의사 언어로 작성하기

유클리드 알고리즘을 의사 언어로 나타내보자. 이번에는 순서도의 단계에서 3개의 알
고리즘을 만들었는데, 여기서는 선판정 반복 구조를 사용한 것과 후판정 반복 구조를
사용한 알고리즘을 각각 의사 언어로 만들어 보았다.

```
○ 정수형: a, b, r
• a, b를 입력한다.
• r ← a % b
■ r ≠ 0
   • a ← b
   • b ← r
   • r ← a % b

• '최대 공약수는 b다.'라고 출력한다.
```

● 선판정형 반복 구조를 사용한 유클리드 알고리즘(의사 언어)

```
○ 정수형: a, b, r
• a, b를 입력한다.

   • r ← a % b
   • a ← b
   • b ← r
■ r ≠ 0
• '최대 공약수는 a다.'라고 출력한다.
```

● 후판정형 반복 구조를 사용한 유클리드 알고리즘(의사 언어)

끝까지 읽어 주어 감사하다. 이 책은 알고리즘을 배우고 싶지만, 너무 어려워 난감해 하는 사람들을 위한 것이다. 알기 쉽게 쓰는 것을 목표로 삼았기 때문에 이 책의 일부 는 학문적인 엄격성을 다소 희생할 수밖에 없었다. 이 점은 독자들에게 사과하고 싶다. 사실 알고리즘의 도입부 정도밖에 설명할 수 없었지만, 알고리즘은 안쪽으로 갈수록 심오한 세계다. 이 책을 읽은 후 반드시 다른 입문서에도 도전해 보길 바란다. 혹시라 도 이전에는 이해하지 못했던 부분을 이해하게 될지도 모른다.

마지막으로 혹시 이 책을 읽은 후에도 '알고리즘을 배우는 것이 어떤 의미가 있을 까?'라는 의문을 갖고 있는 사람들이 있다면, 오카노 마사유키 님의 말을 들려 주고 싶다.

오카노 님은 도쿄 도 스미다 구의 작은 공장을 경영하는 79세의 사장님이다. 프로그래 머가 아니지만, 물건 만들기의 대선배이며, 금속 가공의 세계적인 장인으로 알려진 분 이다. 이 오카노 님의 말을 들어 보면 왜 지금의 시대에 알고리즘을 공부해야 하는지 이해할 수 있을 것이다.

"첨단 기계를 사용하여 제품을 만드는 것이 훨씬 편하고 간단히 일을 끝마칠 수 있다. 하지만 기본 기술을 제대로 다지기 전에 모두가 편한 방법만을 추구하게 되고 말았다. 그래서일까? 오히려 나처럼 기본에 충실한 장인들이 세상에서 칭송받게 되었다." (오카 노 마사유키, 《내가 만든다!》에서 인용)

감사의 말

이 책을 집필하는 데 도움을 주신 많은 분에게 감사드린다. 이 책의 반복 구조 알고리즘으로 비유해 표현하자면, 증가 처리 및 종료 조건을 담당해 주신 치바 카나코 님에게 가장 많은 신세를 졌다. 치바 님이 없었다면 이 책의 집필 작업은 무한 루프에 빠져 아마도 완성되지 못했을 것이다. 그리고 시험공부 중임에도 필자의 원고에 잘못된 내용이 없는지 세심하게 감수해 주신 이가라시 사토시 선생님, 필자의 잡지 일러스트 원고와 잡다한 워드 문서를 짧은 납기 일정에도 불구하고 깔끔하게 마무리해 주신 니시지마 마코토 님, 진행 관리를 담당해 주신 나이토 타카시 님, 이 책의 내용에 걸맞는 훌륭한 표지를 만들어 주신 아베 오사무 님과 타카하시 유카 님, 최종 점검을 해 주신 타마키 히데오 편집장님, 잘 팔리지 않을 것 같은 주제임에도 불구하고 흔쾌히 '고(Go)!' 사인을 내주신 츠치다 요네이치 사장님께 이 자리를 빌려 감사의 마음을 전한다.

이토 시즈카

찾아보기